売上請負屋流!

本当に売上を上げる仕組みづくり

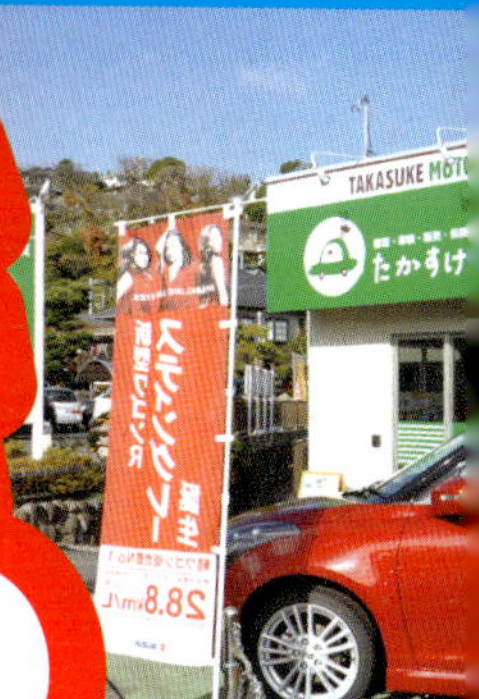

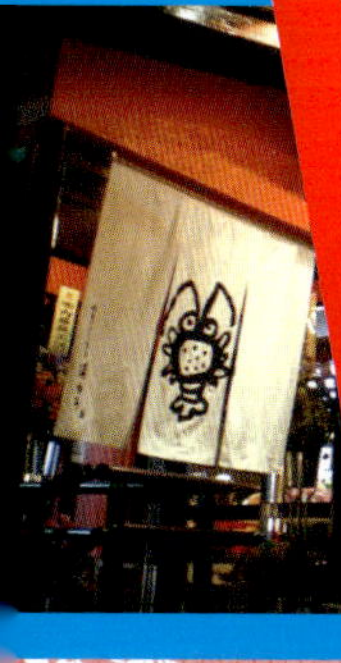

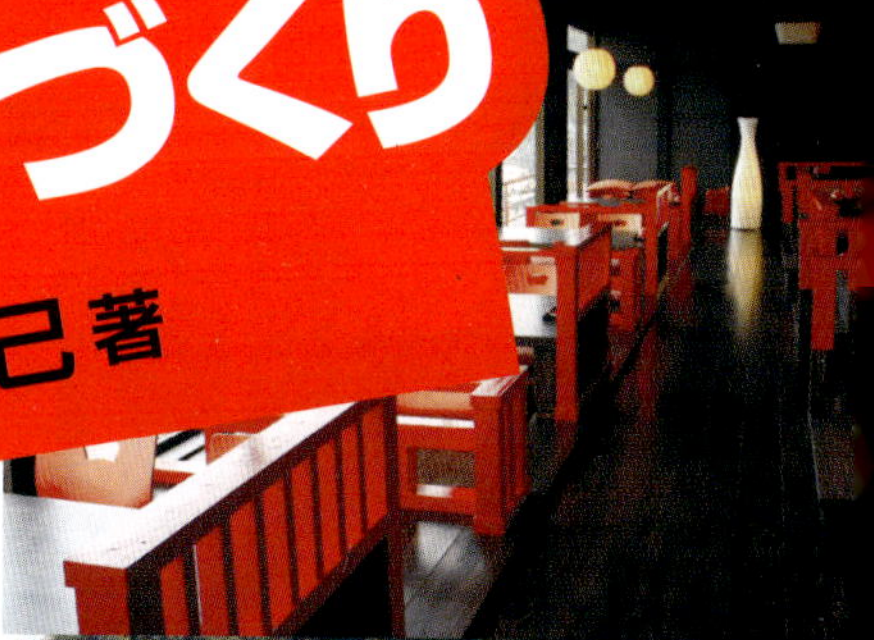

古河正己 著

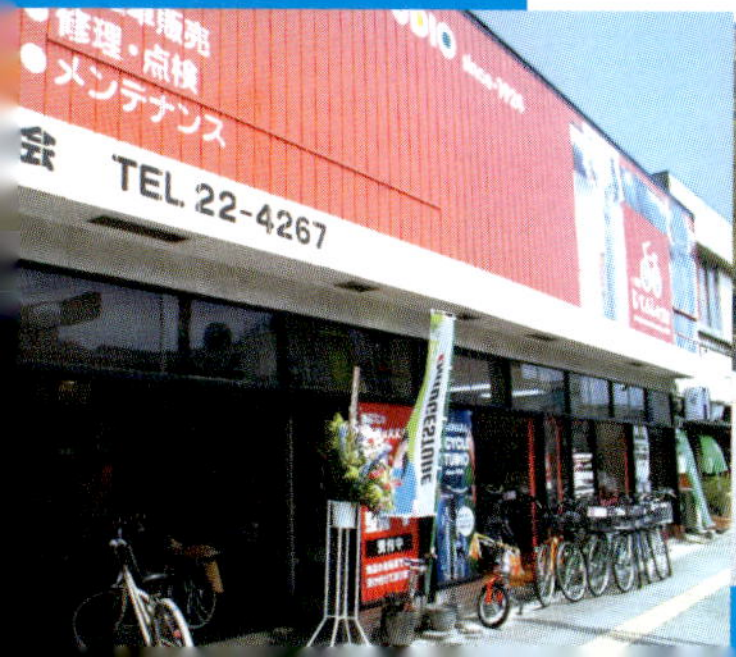

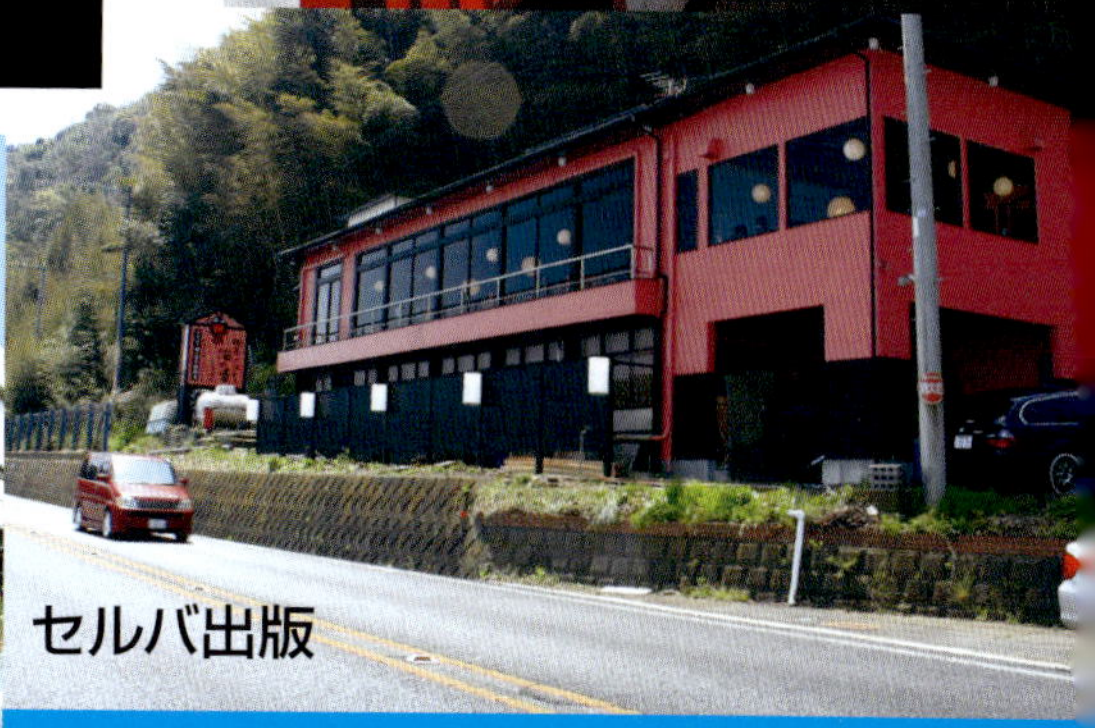

セルバ出版

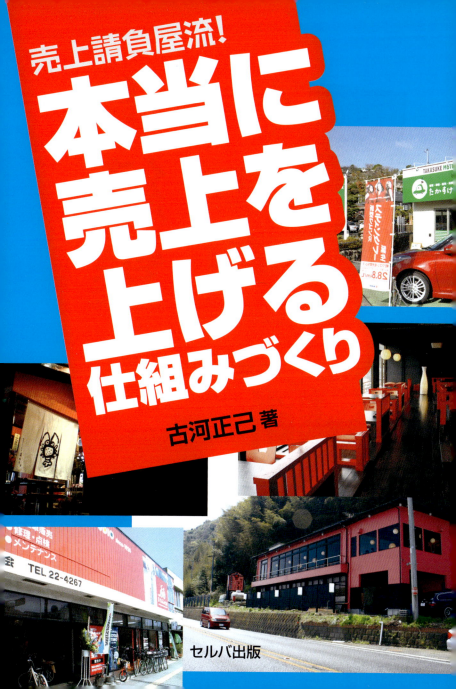

実績集

巻頭カラー

カラオケ
ビーマックス
歌流多
歌流多
歌流多
おおきに
OKONOMIYAKI
お好み焼
大阪のtheソース
おおきに
とろっとろ、濃厚。

Idea&Design
アタカプランニング株式会社
Tel.0465-21-0077
www.a-gogo.jp

第1章の2、年間600会員目標でスタートしたボルダリングジム。僅か半年で2000人

創業ですので
当初はスケルトンの
地下店内で打合せ。

ボルダリングの壁は
専門業者にお任せしました。

コンセプトに基づいたロゴデータを作成

① Lamp BOULDERING GYM

② Lamp BOULDERING GYM

③ Lamp BOULDERING GYM

④ Lamp BOULDERING GYM

⑤

⑥

A5サイズのオープンチラシの裏表。渡す相手の性別で訴求イメージを変えました。

ホームページの作成
ガイドテキスト
シール
会員カード
ショップカード
ユニフォーム
などなど

第1章の4、日商八千円のうどん屋さん。ターゲット変更で日商３～５万円

改装前

湯河原うどん　うさぎや様　外観

改装後

改装前

湯河原うどん　うさぎや様　内装

改装後

第1章の5、開業80年。月商10万円の老舗自転車屋サンが月商80万円に至るまで

小田原じてんしゃ工房様　改装前

小田原じてんしゃ工房様　改装後

第1章の6、五年前に改善済み　今だに売上が伸びる磯料理屋さんとは？

浜ゆう様　外観　施工前

浜ゆう様　外観　施工後

浜ゆう様　入口周り　施工前

浜ゆう様　入口周り　施工後

浜ゆう様　客席　施工前

浜ゆう様　客席　施工後

浜ゆう様　伊豆側メイン看板

浜ゆう様　東京側入口看板

第1章の7、男のマーケット、自動車修理屋さんに女性客を増やす戦略

高助自動車様　修理工場ファサード　施工前

高助自動車様　修理工場ファサード　施工後

高助自動車様　事務所ファサード　施工前

高助自動車様　事務所ファサード　施工後

第1章の8、ロードサイドのみかん屋サン　客単価500円が2000円になるまで

みかん本舗様　外観　施工前

みかん本舗様　内装　施工前

みかん本舗様　外観　施工後

みかん本舗様　内装　施工後

第1章の9、製麺屋さんのブランディング戦略

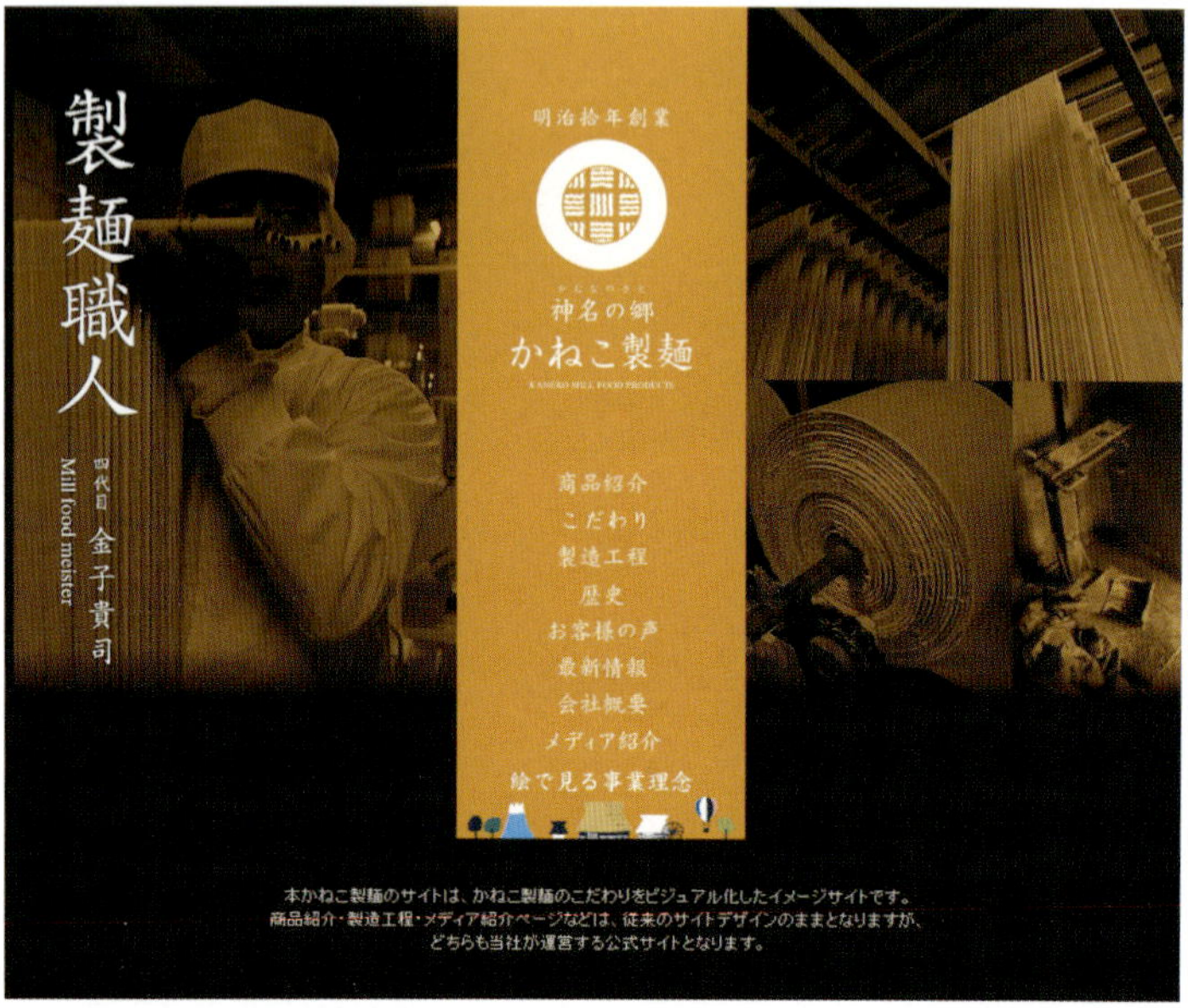

イメージルールに則り作成されたホームページ　ロゴ・タイプも一新されました

納入先には定期的に商品や素材、事業計画イメージなどの情報を配布します

はじめに

はじめまして。著者の古河正己と申します。

今から34年前、20歳のときに父が倒れ、稼業の酒屋を継ぎ、継承時4，０００万円だった売上を必死に高めようとしました。

ブームに先駆けて、日本酒の地酒や世界のワインを置いたり、店舗ディスプレイを工夫したり、当時では珍しい酒屋のチラシを配布したり、様々な努力をして、10年後には9倍の4億円弱にまで持っていきました。

レストランやバーにもお酒を納入していましたので、飲食店の動向にも詳しくなり、様々な提案をして、売上に貢献するようになりました。

飲食店に限らず、商売は、商品やサービスだけを売っているのではありません。お店の雰囲気や人も目的の内です。意外さ・希少さも充分人を惹きつけます。不味いからダメだじゃないし、美味ければ儲かるわけでもありません。

著者がこの数十年で培った「売上アップのノウハウ」は、かなりスゴイものです。

ですが、そう言い切っても、誰も信じませんし、期待もしません。「売上アップ」なんて言葉はざらにあり、しかも多くの人は、自分の商売に当てはめられずに読み損しているからです。

では、この12年で小規模・中規模事業２００案件の売上アップ依頼を請け負い、95％以上の確立で売上アップ、クライアントの大幅な粗利益増を実現し、早くて数か月、遅くても3年以内に投資を回収した、といえばいかがでしょうか。

しかも、コンサルティングではなく、イメージをデザインし、店舗を改装し、広告ツールも作成して、それらアクションをすべてインクルードした投資額を、売上アップで増えた粗利益が上回っています。投資損にはなっていないということです。

そして、後述しますが、売上アップの数式も確立しました。

・売上＝客数×客単価

これは、通常の経営学の数式ですが、それをさらに進化させて、次のようにしました。

・客数＝新規客＋リピート客

　新規客＝立地の乗数×事業の魅力乗数×広告力乗数

　リピート客＝商品の魅力×事業の魅力乗数×クロージングの魅力

・客単価＝通常単価×付加価値（ブランド力）乗数×スペースの非日常性

筆者は、この数式に則って事業を診断し、負の要素となる部分を消すか、完全に隠すかして、プラスの要素となる部分をクローズアップし、さらに事業にストーリー性（コンセプト）を付与し、そのイメージに沿ったロゴデザイン、看板サイン、ファサード、内部装飾、メニューやポスターづくり、パンフやショップカードなど、様々なツールを相乗効果が出るように配置・作成しました。

結果として、95％を上回る、日本でもトップクラスの成功率を実現することができました。人の心と足を動かすクリエイティブを確立していきました。

従来のコンサルティングファームのように、医療はコレ、飲食店はコレという指導マニュアルはありません。依頼事業一つひとつを「売上アップのプロ」として診断し、的確でかつコストパフォーマンスのよい解決策を提案しています。

経営者は、実際に繁盛する事業の器を得て、毎日の忙しさの中で成長しています。最初は怖いほど経営素人だったのに、2年も経つと講演もできそうな経営者に変わります。机上の空論ではなく、実働の中で学ぶのです。

日本の小規模事業は、この20年で８００万事業所から３６０万事業所へと半減以下になりました。しかも、その残りのうち7割強が赤字経営。なおかつ、全体の半数は廃業・倒産の危機にあるといわれています。

それでも、やり直そうとすれば、ほぼその事業は黒字転化します。ただし、その改善は、従来と同じでは成し得ません。事業が生まれたとき、その時代時代の成立要素を背景にしたように、新しい時代の要素を取り入れて、再構築しなければ需要は得られません。

本書には、事業や事業環境を再構築するためのノウハウを記しています。本書のとおりに実行してもダメな場合は、初期の自己診断が間違っていたか、企画やデザインのクリエイティブ力が未熟か、もしかしたら事業そのものが既に『需要』を失っているのかもしれません。

筆者の講演を聞いてください。実際に相談していただいても構いません。筆者達も需要に応じて育つ必要がありますから、遠慮しないでください。

事業者も起業家も経営に興味のある方も、意外なアハ的感動を得て、事業・創業に対して前向きな気持ちを抱いていただけるよう、心して書き記してまいります。

筆者は断言します。どんな事業でも、本気になれば売上は上げられる。売上は、自らがコントロールできるのです。

古河　正己

平成27年12月

売上請負屋！　本当に売上を上げる仕組みづくり　目次

第1章　9つの売上アップ成功と1つの失敗事例に学ぶ

第2章　事業の調査・評価　どこをどう改善するかを見つけ出す

第3章 改善の最初はまず「売れる環境づくり」から

第4章 改善実施 儲かる仕組みづくり

第5章　成長する事業の条件

序章　売上アップ支援成功率95％だから言えること

1　筆者のこと

筆者は、昭和36年生まれの丑年です。生まれたのは、静岡県熱海市の観光地で、生家は酒屋を営んでいました。主要道路以外はほとんど未舗装で、道端には悪路でパンクする車が絶えず止まっていました。家には配達用のミゼット（三輪車）があり、父の膝でハンドルを握っていたことを思い出します。

筆者の父は、末っ子で、稼業を継ぐ予定はありませんでした。父は、遊び人の兄の手足となって仕事を手伝い、本家の近くに小さな家をあてがわれ、家族4人で慎ましやかに暮らしていました。父は、筆者が小学校4年生のとき、長兄が大きな借金をつくり、夜逃げをして、残された借金と事業と老いた父母を看るために家督を継ぎました。2年後には祖母が亡くなり、3年後に祖父が他界した頃から、生活は楽になっていきました。

父は、筆者が大阪万博に行けなかったことを不憫に思っていたのでしょうか、昭和50年に開催された沖縄海洋博に連れて行ってくれました。初めての飛行機、初めての旅行、返還されたばかりで車がまだ右側通行だった頃の沖縄、色とりどりの町並み、中学2年生の目にはとても魅力的に映りました。

オイルショックが過ぎ、日本が再び高度経済成長の波に乗り始めたのは、筆者が中学の頃です。

学生運動も沈静化し、世の中がほのぼのとした平和を満喫していました。

ベルボトムジーンズを穿いて、フォークソングかエレキギターのどちらかを選択しきれないまま、バンドブームに飲み込まれていました。

当時、日本中の田舎の中学生男子がそうだったように、筆者の通う中学校も坊主頭義務でした。坊主頭にプリントTシャツとベルボトムジーンズ。恥ずかしげもなく町中を闊歩していました。

今のようにテレビゲームもなかったですから、その頃の町は楽しかったです。休日は、いつも友達と町にいました。観光地で、商業地のような大きな商店街もありませんでしたが、街中のあちこちに小さな店が沢山ありました。それぞれの店の経営者が、様々な話をしてくれました。勉強よりもいろんなウンチクを聞くのが楽しくて、お店の経営者の皆さんとは顔見知りになっていました。

ジーンズ店のお兄さんからは、リーバイスの成立ちやエピソードを沢山聞きました。アメリカ製と香港製のラベルの色の違いや、５０１をはじめとするジーンズの形・スタイルの話。靴屋のお兄さんからは、リーガルやナイキの商品情報、当時流行り始めたテニスシューズから、テニスプレイヤーの話。

若者のライフスタイル雑誌ポパイが創刊され、平凡パンチはＩＶＹファッションを特集し、様々な専門情報は、筆者のモノに対する価値観を押し上げてくれました。そういう波が確かにありました。

80年代初頭には、男の時計、男のファッション、男の日本酒など、付加価値の高い商品の特集本が発行されて、多くの日本人がモノに対するコダワリを持ち始めました。その流れが、86年に始まるバブル景気発生の一因になっていたことは間違いありません。

バブル景気を肯定するものではありません。あれは行き過ぎていました。今の中国の爆買いを見るようです。ですが、価値・付加価値に対する豊かな視点を持つことは、決して間違ってはいません。この価値観がなければ、文化も遊びも楽しみもない世界になってしまいますから…。

そんな筆者が、今のマーケットを見ると、本当につまりません。

どこの大型ショッピングセンターに行っても、マクドナルド、ユニクロ、トイザらス、ABCマート等々、未知のお店は中々見つかりません。

買い物を楽しむという論点からいえば、地域特性がなくなっています。それぞれの店のオリジナル性がありません。

大型商業施設が商店街に取って代わり、車で移動する現代人には便利になりましが、同時にオリジナル性を失ってつまらなくなりました。発見も、期待感も、最小限です。

筆者が小規模事業の復興にこだわるのは、もしも小規模事業がなくなって、マーケットがFCやチェーン店ばかりになってしまったら、それこそツマラナイからです。土地性や個性、人間の温かみ、会話の楽しさ、ITが入り込んだからこそより大事な独自性やコミュニケーション、子どもたちが未来に描く夢を広げたい－そういう思いがあるからです。

昔、アメリカンドリームという言葉がありました。チャンスがたくさんあるイメージです。筆者は、そういうマーケットであるべきだと思うのです。

2　成功率95%、ならば失敗する5%とは

高い成功率を維持していますが、その理由は、調査をして売上アップをする事業の余力（付加価値を築き上げる余地）が認められる場合だけ請け負いますので、失敗はきわめて少ないからです。というと、10の依頼中7ぐらいを断っているように思われますが、お断りするのは1割もありません。

現在のマーケットで、小規模事業や中規模企業が事業の付加価値を充分に持っている確立は、きわめて少ないのです。もしも、中小事業のすべてが、事業の魅力、事業付加価値を充分に備えていたら、事業は個性的に輝き、街での買い物が楽しくなってGDPも上がるはずです。

この事業を通じて、中小事業による魅力的なマーケットの実現を目指しています。

しかし、実際には、いくつかの失敗もあります。それらには、共通した原因があります。

繰り返しますが、筆者たちは、売上アップ＝事業魅力の改革を請け負うに当たり、必ず、事業の隅々まで調査させていただいています。お医者さんの初診のようなものです。

得られたデータから、滅すべき事業の弱点、伸ばすべき長所、事業コンセプト、そして到達すべき姿などを考えます。

そして、いかに無駄なく売上アップを叶えるかを提案します。つまり、売上アップが叶うギリギリのところです。目標値を叶えるために10カテゴリを提案したとして、その内の3割を削られると、効果は3割減ではなく7割ぐらい落ちます。

最初にそれを伝えるのですが、経営者のあまり正しくない自信からくる判断や予算の都合で削られた場合や、途中から違う目的に移行してしまう場合など、初期の提案を100%達成できないときは、およそ目標値に到達しません。これが5%程度存在します。

「最初からそれほどお客様が来ませんよ」と何度言っても、それでもやって欲しいと言われると無下には断れません。

もっと予算に余裕を持って、これでもかと行うのが従来のクリエイティブの手法です。が、それでは無駄も多く、小規模事業者には遠い話になってしまいます。

それでも、成功率は、日本一高い支援手法だと自負しています。このノウハウを日本全国に広げ、地方の魅力をアップして、日本全体の経済復興に寄与したいと思っています。

3　売れなくなった理由

バブル崩壊とか、マーケットの変化とか、生活スタイルの変化とか、いろんな要因があります。それら環境の悪化ももちろん、売れなくなった原因の1つです。が、一番の原因は、需要過多から

供給過多に変化したのに、「新規客を取り込む仕掛けがないこと」に尽きます。

需要過多の時代とは、戦後からバブル崩壊までの期間で、多少悪くても、多少不味くても、センスが悪くても、つくって並べれば何でも売れる時代。どんなにわかりにくいところに店を出しても、お客様が探して来てくれる時代。宣伝なんてしなくても、生活するくらいは稼げた時代。

連続する高度成長や好景気といわれた環境が長いこと継続し、昭和の経済下ではそれが当たり前だと皆思っていました。たまに来る短期間の不景気は、軒下で通り雨をやり過ごすように、少しの期間だけガマンすれば元の好景気に戻っていましたから、バブルの崩壊後もそう思っていた人がほとんどでしょう。

しかして、２０００年前後、パラダイムシ

フトが日本を覆いました。パラダイムシフトとは、直訳すると「約束事の移行」ですが、ここでは「経済構造の根本的な変化」としましょう。

1つには、本格的な車社会の到来。徒歩・自転車・バスで移動していた主婦層が、マイカーで移動するようになり、行動範囲は画期的に広がりました。郊外には大規模駐車場を併設した大型ショッピングセンターがオープンし、地元の商店街は急速に弱体化しています。

1つには、認知の低下。以前のお客様が老齢化し、代替わりした子孫の世代に知られていないということです。さらに輪をかけて、情報過多による広告手段の複雑化も影響しています。

以前は、テレビ・ラジオ・新聞・雑誌・チ

ラシ等が主な広報手段だったのが、インターネットの台頭により、ホームページ・メール・SNS・リスティングといわれる検索エンジンへの広告など、その情報量はバブル以前の420倍といわれています。

つまり、昔ながらの広告手段では、その効果は50分の1程度しか得られません。認知活動をしない、新たな世代に受け継がれない事業は、「ないも同じ」環境に晒されています。

そして、これらの経済（購買）環境の変化に対応した「投資資本型事業（主にベンチャー・FC事業）」が、従来の中小事業のマーケットをシェアしようと拡大しています。それに対して中小事業者は、何の攻勢もできず、只々顧客を奪われ、売上を減らし続けています。

また、悪いことに、この新しく悪劣な環境に対応する行政施策も公的サービスもありません。多くの経営指導者は、以来、事業者の減り続ける売上を挽回できず、経費削減・人件費削減を唯一の指導としてきました。

素直に受け入れた事業所はどんどん小さくなって、広告も打てず、新規客も得られず、さらに売上を減らして、遂には消滅（倒産・廃業）せざるを得ません。

需要と供給のバランス。経営者的理想でいえば、軽微な需要過多が理想です。しかし、現在は、悲しいかな、供給過多です。デフレも抜けておらず、事業価値や商品価値も認められにくい「安売りバンザイ」の低次元なマーケットです。

ですが、われわれは、「売上は上げられる」と声を大にして叫びます。そして、実践しています。

余談1　ＩＴ革命の本質

ＩＴ革命は、粛々と進んでいます。ＩＴバブルが去ったからもう関係ないとお思いの方もいますが、ＩＴ革命はまだ半分も終わっていないのです。この革命は、人間史上最も大きな部類の革命の3番目の波です。

第1の変革は、農業革命でした。それまでの人間は、狩猟民族で、定住せず、多くても2〜30人のグループを成して、自然の恵み（動物・木の実・植物）を得るために季節ごとの移動をしていました。

それが、紀元前10世紀頃に、中央アジア付近で発生した定地農業の普及によって、村が誕生し、豊かな農地を求め、互いに戦い、国という形をつくっていったのです。それまでの狩猟民族での生活習慣は、農耕民族への移行で、がらりと変わりました。第1の変革は、約3000年かけてほぼ世界を圧巻しました。

第2の変革は、機械産業革命でした。ワットが蒸気機関を発明し、それまでの人力、馬力は機械の圧倒的な力に変わり、大量生産、戦争の大量殺戮兵器化へ進みました。最も変わったのが交通移動手段（人馬から車・汽車へ）であり、これにより情報伝達はスピードを増しました。世界は、その集合体を拡大し、20世紀中期には東側・西側の2つのグループに集約されました。

また、人間の生活も、以前はほとんどが農業従事であったのに対し、大工場の乱立により、二次産業の人口が増え、農地は次第に工業都市へと変化しました。第２の変革は、約３００年で世界を変えました。

現在の情報革命は、約30年前から始まり、そろそろ大きな変革も終盤を迎えています。それは、実際に、われわれの生活や経済をがらりと変えてしまいました。

ＩＴ化とは、パソコンでワープロや表計算を行うことではありません。どちらかというと、インターネットやテレビの通信方法の進化による、情報伝達手段の変化のことです。デジタル化による情報の圧縮技術により、過去の数万倍の情報交換が可能になり、それを扱えるのは、昔のような限られた人々ではなく、「世界の誰もが同じ条件で利用できる情報伝達環境がある」ということです。

情報を得る側は、パソコンやスマートフォンなどの端末装置を利用し、手軽に膨大な情報を閲覧することができます。しかし、提供側は、進化する技術を追いかけなければならず、管理するにも提供するにも苦労が絶えません。この提供側の苦労が、現代の構造改革を困難なものにしている一因です。

情報を思うように利用することにより、多くの利益が上がるようになりました。提供する側の事業をＩＴ関連事業といい、ＩＴを利用して現在の事業に有効に生かすシステムを構築することを、ＩＴ導入とか、ソリューションといいます（最近ＩＴはＩＣＴと表現します）。

情報のやり取りは、何も外部だけではありません。事業所内やグループ内でネットワークを構築すること（イントラネット）もＩＴ化の内です。情報のデータベース化やデータファイルの共有化

Shopping

を行うことにより、作業効率を向上させることができるのです。

端末機械（パソコン等）を扱うことができず、インターネット閲覧やメールを利用する手段のない人は、情報を得られず、世の中から置き去りにされます。このような人々をＩＴデバイド（情報技術における弱者）といいます。

実際、市役所などでＩＴ導入がされ、情報に追いつけず、無力化してしまう管理者が多くいます。情報を操作できないという事実は、情報化時代においてとても弱い立場なのです。デバイドにならないためにも、メールとインターネット閲覧、ファイルの管理、グループウェアの操作ぐらいはしっかりと会得しておきましょう。

現在は、変化の過渡期で、利用方法や仕様もどんどん変わりますが、近い将来には、必ずスマートフォンを上回る、誰にも使いやすいインターフェイスが構築されます。油断せずに、今についていきましょう。

余談2　パラダイムシフト

現在の不況の一角を成すもの、それは、日本経済が永らく先送りし続けた『構造改革／パラダイムシフト』という大きな変革の現象です。

20世紀の日本経済は、戦時中に画策された土地担保価値の上昇による経済拡大政策がベースにありました。実際、人口も戦後から昭和末期までに倍増し、土地需要を後押ししていました。会社が赤字でも、担保が増える分追加借入ができ、倒産しないで存続する日本の経済構造は、欧米企業にとって実に不思議な仕組みでした。

インフレという拡大経済と、貿易黒字をもたらす海外需要が、20世紀の拡大型経済の根幹だったのです。

昭和の後期、その根幹が崩れはじめ、構造改革（当時は行革と呼ばれた）が迫られても、政官癒着の利権構造から脱せず、日本は空白の十年といわれるバブル景気に突入していきました。

物価と人件費が天井知らずに上昇し、企業は賃金の安い東アジアに生産拠点を移し始めました。その結果、国内生産は減少し、東アジアの生産能力を育てたことで、日本経済は自らの優位性を失っていきました。

そして、バブルが崩壊し、中国の台頭も相まって、日本経済は大きなダメージを受け、現在に至っています。

過去の不景気との大きな違いは、もう以前のような拡大型経済には戻らないという現実です。それは、日本人口の減少という裏づけがあり、これらは需要の過渡期を過ぎた土地価格の下降を示しています。

20世紀は、常に人口が増加し、その需要につられ、経済は緩やかなインフレを続けました。21世紀の日本人口は、減少に転じ、物が余り、デフレはスパイラルと化し、現在の最悪の状態を迎えて

Shop!
Old
Now
Shop
cafe

います。

パラダイムシフトとは、簡単にいえば、需要過多のインフレ経済から、供給過多のデフレ経済への基本構造の移行現象です。

過去の経済は、プロダクトアウトともいい、つくれば売れると言う状況でした。しかし、これからの世の中は、ただつくるだけでは売れません。顧客は、情報改革により、専門知識を吸収し、より個性化して、商品を選りすぐりするようになりました。購買手段も、過去の店舗販売から通信販売、ネット販売と多様化し、流通経済も大きく様変わりしています。

このような顧客先行の経済構造の基本的変革が起こっているのに、多くの中小企業経営者たちは、20世紀の状態のままの機能しない事業構造を変えられず、なすすべもなく不景気の波に揉まれているのです。

買い手の変化についていけないということは、近い将来の事業の消滅を意味します。しかし、戦後60年弱続いた拡大型経済から、どのように改革すればよいかがわからないのは、無理もありません。

ここに、パラダイムシフトによる主な変革を列挙します。
(1) 人口減少は、需要を下げ、担保価値のあった土地神話を崩壊させる。
(2) 顧客要求主義への移行は、流通形態、販売形態、市場形態など、あらゆる経済構造の変化・進化を要する（変化しないものは尻つぼみになり、最後には消える)。

(3)　ＩＴの普及は、購買層には簡単に多くの情報を与え、事業者には、情報を提供する側の管理能力、表現能力を求める。これは使える者と使えない者の受益差を拡大させ、大きな問題となる。

これらの問題をクリアし、未来に事業を繋げるためにも、専門家への相談をおすすめします。

余談3　顧客主義

21世紀になって、急に顧客満足＝ＣＳ（Customers Satisfaction）というスローガンを、多くの事業者が唱えるようになりました。

しかし、ほとんどのＣＳの内容は、実にお粗末なものです。

①　顧客要求をしっかりと聞くこと。

②　アフターサービスを行うこと。

③　顧客クレームに早急に対処すること。

このレベルでは、ただ単に顧客から文句を言われないようにするものに他なりません。これらは、顕在化している顧客の「声」であり、対処するのはＣＳでなくても当たり前のことです。大切なのは、大多数の顧客が持つ「声に出ない想い＝潜在的要求」なのです。真の顧客満足を引き出すには、潜在的な要求さえも叶える試行錯誤が必要なのです。

ＣＳは、前述のような既存顧客に対してだけのものではありません。顧客満足を誘うことを大前提に、顧客の立場で自社事業を冷静に評価し、「新規顧客を増やす」行動においても、経営者や事業側の独断でない「顧客の立場に立った」事業戦略へ繋がる仕組みが必要なのです。なぜなら、事業を行うことで最も大切なのが、「お客様が利用してくれること」だからです。

どんなによい顧客サービスを確立しても、利用されなければ宝の持ち腐れです。お客様の嗜好を十分に研究し、自社事業を考える行為がとても重要なのです。

① 自社は、お客様にどのような利益（有形・無形）をもたらすのか？＝事業存在価値
② 自社商品・サービスは、対象とするお客様の嗜好・要望に叶う物だろうか？＝商品価値
③ 自社のサービス拠点は、お客様にとって利用しやすい場所にあるだろうか？＝立地条件
④ 自社の構成（建物規模やスタッフのレベルと人数）は、現在の事業が継続できるレベルか？同時にお客様の満足を維持できるレベルか？＝経営規模
⑤ 自社の広告は、対象とするお客様の目に届いているか？　また、その内容は顧客のセンスに叶っているか？＝的確な広報戦略

しかし、過去の顧客需要過多経済下において、最も粗末に考えられてきた顧客主義の仕組みを独自に導入できるでしょうか。また、考え出された方向性が、本当に効果のあるものかは誰が評価するのでしょうか。素人判断は危険です。

顧客の立場で事業を評価するということは、第三者の目で見、利用し、評価するということです。評判のよい経営コンサルタントに相談したり、われわれのようなクリエイターに任せたほうが安全

やしゃー
やるったら
やるのじゃ!!

です。

まずは、プロの技を導入し、その仕組みをよく理解することです。そして、我武者羅に行動することです。いつの日か、当たり前のように顧客主義を習慣として活用している姿に気づくはずです。利用されないのは、事業の何らかの部分が顧客要求に叶っていないということに他なりません。顧客要求を満たし、顧客主義に立った広報を行えば、事業は利用されるのです。

4 売上の大切さ（コストカットより売上アップ）

事業再生の指導要綱の中で、従来の経営指導者は、まずコストカットを指示します。コストカットは、経営環境に無理がなければよいことです。無駄を省き、粗利益を増やします。

ですが、バブル崩壊以後、絞りに絞った経費をまだまだ落とすように言われます。人も切れと…。社長の給与はカットだと。バブル以前の指導要綱と変わっていません。黙っても売上が上がる昭和の時代なら通用したことですが、事業環境が全く異なる現代において、「コストカット」のみを実行すると、売上は経費に比例して落ち、運転資金が底をつき、かろうじて息ができる状態に留まるか、悪くすると再生不可能な状態に陥ります。

しかし、素人目からいっても、厳しいコスト削減にこだわるより、売上を高めて経費を賄う粗利益を得るほうがよいはずです。

なぜ、先生方は、コストカットを優先し、売上アップを問わないのでしょうか。それは、数字だけを追いかける指導者に売上アップはコントロールできないからに他なりません。

われわれは、どちらかといえば数字に弱い「右脳」の人間です。デザイナーやクリエイターと呼ばれます。人の心理を知り、人がイメージに大きく影響されることを知っているので、売上をコントロールできます。細かい手法は後述します。

売上を上げましょう。手法は、後で学んでください。

さぁ、売上が上がりました。10%上がるとどうなりますか。黒字転化しましたか。気持ちが楽になりました。

じゃぁ、次に20%上げましょう。膨らんだ粗利益から、切り詰めていた経費のうち事業の魅力に直結するものを復活しましょう。例えば、人件費。お客様を待たせないように人員を厚くしましょう。また、広告宣伝費。毎月毎月新規のお客様に来ていただくように、継続的に呼び込みましょう。

それでは、次に倍の売上を目指しましょう。粗利益も2倍になりましたが、経費は倍まで膨らみませんから、純利益が数倍にもなりました。

売上を維持するためにブランディングをしましょう。今まで500円でしか売れなかったものが800円で売れるようになります。1，000円しか買って貰えなかったのに2，000円以上買ってくれるようになります。粗利益率も上がります。益々純利益が増える仕組みを構築しましょう。

こういうのを成長といいます。事業の成長には、売上が不可欠です。人間でいえば、血液や栄養

コストカット!!
節電
節水
ダメ!

目指せ!
売り上げアップ!!
NEW!
リニューアル
NEW MENU

のようなものです。これが足りないと痩せ衰えて死に至ります。

大丈夫。売上は必ず上がります。本書をよく読んで、的確な行動を起こしてください。

やってみても売上が上がらない場合は、既に成長しきっているか、または新時代には需要のない事業なのかもしれません。よく考えてください。

5　これからのマーケット　日本ブランド

昭和の時代のマーケットと今の時代のマーケットは大きく違います。でも、毎日、少しずつ変わっていたので、あまり意識していないでしょう。

例えば、ここ10年でハイブリット車や電気自動車などの低燃費低公害車が、一気に増えています。平均リッター10㎞が20㎞になれば、市場のガソリンは半分しか売れなくなります。地下タンクの交換などの費用が出ない等の理由があるにせよ、この10年でガソリンスタンドの数が激減しているのは、燃費の劇的な向上が背景にあります。

太陽光発電等の代替エネルギーの台頭と機械の消費エネルギーの効率化は、近い将来、石油への依存を終焉させるでしょう。石油タンカーは不要となり、石油に関連する事業は仕事を失います。

一方、街の本屋さんも大変です。30年前から郊外型大型書店が出現し、コンビニエンスストアでも雑誌販売がされ、本屋さんは見る見る衰退していきました。そして、ここ10年は、インターネット通販の台頭で、郊外型大型書店ですら経営の危機に貧しています。

車の普及、コンビニの浸透、ネット社会の到来。すべてはお客様側の環境が変化したにもかかわらず、昔のお客様の環境にしか整合しない事業を続けているからです。その結果、お客様は、高齢者か幼児です。

では、将来的に小さな事業が生き残る術はないのでしょうか。

実は、生き残るどころか、今は潜在的かもしれませんが、小さい事業の需要はあるのです。しかも、大きな需要です。

人は飽きるものです。毎日カレーを食べていたら、ほとんどの人が飽きます。今は、その状態。商店街の衰退は、仕組みの悪さとやる気のなさです。駐車場がない、若者向けでない、イベントはするけど店はボロい、でも事業自体は求められています。

現在、多くの消費者は、土日になると近郊の大型ショッピングセンターに行きます。買い物と遊びを兼ねています。ですが、どのショッピングセンターに行っても、マクドナルド・ユニクロ・トイザらス・ABCマート。他はないのかと思うほど、どこも同じようです。

そしてそれらは、特別にクオリティが高いワケじゃない、個性的なワケじゃない。ただただ便利だから。安いから（本当はそれほど安くはないのですけど…）。消費者がコダワラないからです。

もし、コダワルなら、渋谷の109の小さな個人商店が沢山入っているようなところへ行きます。

つまり、コダワル個人商店は、今だって需要があるのです。

町中の八百屋さんで買った野菜のほうが新鮮なのはなぜでしょう。魚屋さんで買ったマグロの刺身が飛びきり旨いのはなぜでしょう。それは、店側がコダワッて仕入れているからです。プロの目で選ぶからです。個性的でクオリティが高いのです。

本屋さんだって、雑誌などを売らずに、専門分野をつくって狭く深く品揃えすれば、お客様が広範囲から利用してくれます。後付で、ネットでも売れる仕組みも入れればいいのです。

日本の機械輸出産業は、弱まっています。ですが、日本には物凄い魅力があります。日本で200円でしか売れない牛乳が、上海や香港では800円で売られています。10kg5,000円のお米が、2万円以上で売られています。

日本人が当たり前のように食べている食品のほとんどは、世界最高水準にあります。外来米が安く入ろうが、国内よりも高く外国に売れます。高い関税をかけて農業を守る必要はありません。進歩した輸送システムを利用して、世界のマーケットに売れるのです。

アニメだけじゃありません。日本酒も日本のウィスキーも、たこ焼きも、外国でも胸を張って通用するのです。日本建築の手法も、布団も障子も浴衣も、高く評価されるでしょう。

これらは、外国人が感じる日本の魅力、日本ブランドです。真面目な日本人は、信頼の置けるパートナーとして世界が認めているのです。

その魅力は、もちろん、外国人観光客の大幅増という形でも具現化しています。

今までの日本の観光地は、主に日本人向けでしたが、これからは外国人の価値で日本の様々な観光名所が掘り起こされることになるでしょう。田舎の風景、過疎化して人の居ない場所も、外国人には魅力的に映るかもしれません。知られたが最後、そこは一転、賑やかな観光地と化すでしょう。

現在、筆者が携わっている地域開発事業で、本当に何もない地域があります。緑の山と川が流れ、田畑があるだけです。広いとはいえない幹線道路周辺には、砂利を掘り起こす施設があって、大きなトラックが頻繁に往来し、観光地とは無縁の場所でした。

しかし、砂利の掘り起こしが終了し、数年のうちに施設の撤退が決まっています。周辺は、再び閑静な田園風景に戻ります。日本ではよくある風景です。

先日、地域の商工振興会の方の発案で、段々畑の端に釜をつくり、試験的にピザを焼いてみました。段々畑で採れた新鮮な野菜を使ってのピザです。日本の長閑な田園風景を見ながら、とても美味しくいただけました。

日本人には見慣れた場所も、外国人観光客には特別な風景です。それに交通や周辺観光の条件が重なれば、普通の地域が立派な観光地になります。

日本には、まだまだ成長余力があります。うまくすれば、従来の貿易以外でも外貨を獲得し、再び大きな経済成長期が訪れるかもしれません。

その伸びるマーケットを大企業やＦＣだけのものにしてはなりません。ライバルは、大企業です。ＦＣです。新たなマーケットでも売上が上がる「勝てる」手法をご紹介します。

それでは、売上スイッチをＯＮにしましょう。

第1章

9つの売上アップ成功と1つの失敗事例に学ぶ

1　【起業】1日売上5，000円の焼鳥屋さんを居抜きで借りた都落ち経営者の起業支援

昭和57年、バブル前の熱海市。突然の父の病死で、筆者はわずか21歳で酒屋を承継し経営者となりました。

父の葬儀に顔を揃えた近隣の酒屋のご主人たちは、「何かあったら相談に来るんだぞ」と優しい言葉をかけてくれました。

酒屋の組合に入り、暗黙のルールを守り、しばらくはおとなしくしていましたが、おとなしくしていると売上が減ることに気がつきました。父の残したお得意様を、海千山千の先輩経営者に取られ、継承時6，000万円あった売上が一年後には4，000万円に、25％も落としました。取られる側も悪いのですが、利益率のきわめて少ない酒屋で、親子3人、生活できるかどうかの数字です。筆者は、組合のいい子であることを辞めました。

店舗を改装し、味と品質にコダワッた日本酒と世界の価値あるワインをラインナップして、酒屋では珍しいチラシを市内全戸に配布しました。地酒ブームの先駆けです。

洋酒の並行輸入も積極的に導入し、粗利益率を増しつつ、売上をどんどん上げ、継承3年目には1億円を突破し、バブルに入って益々業績を伸ばし、10年後には3億6，000万円と、継承時の6倍、再起決意時の9倍まで売上を上げました。

ですが、これは、筆者自身の話。初めての売上支援は、また少し戻ります。継承して3年目の夏、お得意様から、これから商売を始めたいという人を紹介されました。繁華街から少し離れた場所の居抜きの焼き鳥屋さん。前のオーナーのときは、1日5，０００円しか売り上げられなかった場所でした。流れ者らしき経営者は、「何とか1日3万円は欲しい」と。

しかし、料理は、素人。味では勝負できません。焼き鳥屋は、酒と肴、単純明快です。焼き鳥がダメなら、酒で勝負するしかありません。ここまでは、誰もが考えつくことです。ですが、物事には徹底的さが大事です。味より魅力が勝つ場合もあるのです。

当時、筆者は、秘蔵っ子ともいうべき希少な日本酒のルートを築いていました。手に入りにくい人気の酒、人気はなくとも品質の優れた酒を徹底的に揃えました。値段は、常識を外して、高いものは高く出しました。1合で1，５００円の日本酒もありました（実はこれが一番売れました）。

徹底さは、それ自体が特長。話題になるし、強みにもなります。筆者は、日本酒の能書きを徹底的にご主人に教えました。

蓋を開けたら、1日10万円の売上。焼き鳥は、決して旨くもないのに、毎晩満席になりました。旨い酒で、気持ちよく楽しく酔えるからです。

旨さで客を捻り倒すのではなく、楽しい時間を買っていただくのです。これが成功の要です。

後日談ですが、このご主人のご家族は、何か深い事情で熱海に来たようでした。小学生くらいの子供が3人、平日の昼間からお店の手伝いをしています。

開店して半年ぐらいでしょうか、ご主人の左腕に喜平の純金ブレスレッドが光りました。頑張ったご褒美なんだなって感心していたら、その次の月には首に…。

その2か月後には、左手首にロ一レックスの金無垢が…。おいおい、そんな買い物して大丈夫かな？　と心配しました。が、よく考えると、月の売上が300万円、家賃経費が30万円、仕入が100万円、毎月170万円の純利益が上がります。生活費に50万円かかっても、ゆうに120万円が純利益です。それが毎月です。

最初のうちは、借金を返していたんでしょうね。借金は複数あって、1つ終わるとご褒美を、もう1つ終わるとご褒美を…。終わる度に、手に残る利益が増えていく。で、ついに300万円もする腕時計を…。

その翌月、すべての借金を返し終わったご主人は、地元に帰ると言って姿を消しました。もちろん、納品代金はすべていただきました。

たった1年、もの凄く儲かる焼鳥屋さんの物語は幕を閉じました。夢のような、嵐のような、人生を考えさせられる1年でした。

2　【起業】年間400会員目標でスタートしたボルダリングジム、わずか半年で2000人

数年前から密かなブームとなっているボルダリングというスポーツをご存知でしょうか。

フリークライミングのトレーニンから生まれたスポーツで、垂直の（もしくは、若干煽った）壁に手や足を掛ける「ストーン」を配置して、決められたコース通りに移動する速さを競う新しいスポーツです。

人口20万人強の厚木市の本厚木駅周辺に、ボルダリングジムを新規オープンさせるプロジェクトを補佐する、税理士法人ライトハウスの猪熊所長からご相談を受けました。

キックオフミーティングに出席し、弊社では、事業デザイン、スタートアップの広告宣伝、会員獲得等のマーケティング部分を担当することとなりました。

クライアントは、地元厚木市が主催し、多くの起業家を排出している「あつぎ起業スクール」の1期生で、6年間想いを温め、事業資金を蓄えて、起業を決心されました。平成26年9月のことです（ちなみに、筆者も4期から講師を務めています）。

われわれの担当課題は明確でした。事業損益分岐点を考慮した目標、1年以内に会員登録400人の達成です。

2回目のミーティングは、ジム候補物件で行れました。

本厚木駅より徒歩5分。大手デパートの向かいの商業ビルの地下です。天井が高く、ボルダリングの壁をつくるにはもってこいの環境です。

会員獲得目標400人は、タラタラとオープンしていては叶いません。しかも、オープンが年末どっぷりの12月28日。

イメージします。オープンチラシを撒くなら10日前から。12月18日。クリスマス前、冬休み前。人の波は、1年のピークかもしれません。朝夕は通勤通学客、昼は主婦層、営業が行き交います。オープンチラシは、どんなイメージがよいだろうか、悩みどころです。強過ぎると女性にウケないし、弱過ぎると男性にウケない。色も男女で基本的な価値観が違うし…。ということで、A面は男性向け、B面は女性向け、それぞれが1枚でアピールできるオープンチラシを企画することになりました。

写真の撮影も、男性用には男性を、女性用には女性をと、チラシを受け取ったターゲットが「自分がトライしたら？」とイメージしやすいデザイン・レイアウトを心がけました。

ロゴ・タイプを含むデザインが出来上がり、ファサードデザイン、オープンチラシデザイン、ホームページデザイン、サイン（看板）デザインなど、様々なツールが統一感を持って上がってきます。

各ツールの校正を重ねつつ、クライアントからの新たな追加要望を受け入れます。

「指導マニュアルのポケット版がほしい」

「メンバーズカードとショップカード。それと…スタッフの名刺」

レイアウト校正を繰り返していると、オープンチラシの印刷が仕上がってきました。A５サイズ。女性に渡すときはピンクの面、男性に渡すときはブルーの面。これを10日間、駅前で1万枚配りきりました。

オープン初日・２日目はそこそこ満員状態。３日目は半分。４日目はお茶っぴき（まぁ、大晦日ですから)。元旦の午後からは賑やかに。チラシ効果がしっかりと出てきたようです。

オープンからわずか2か月で、会員は目標突破の600人。さらに1年足らずで5000人の会員登録を達成しました。金融機関からは、早くも2号店へのお誘いがあります。

2020年の東京オリンピックの正式種目となり、さらに競技人口の拡大が予想されるボルダリング。先見の明がよい結果を導きました。

3 【事業改善】工務店から仕事を貰っていた建具屋さん　月商0円からの大逆転

平成13年秋、巷は、バブル以後の不景気が継続し、深刻なデフレ状態に陥っていました。従来の流通経路が崩壊し始め、小規模な問屋、工務店、運送業などが次々と廃業するすさまじいマーケットの変化がありました。

当時、とある公共団体の情報誌編集を請け負っており、その中の記事コーナー「ミニコンサルタント」の取材で、相談の申込みがあった建具屋さんを訪問しました。

昭和の時代、建具屋さんは、地元の工務店数社の下請け、地域建築業界を構成する一員として安定していました。例に漏れず、この建具屋さんも、以前は職人を数人抱え、業界でも中堅のポジションにいました。

バブルが崩壊し、地方にも深刻な不景気が蔓延し始めた頃、一般建築のニーズも弱くなる一方で、不動産メーカー・大手ハウスメーカーのシャア拡大が続き、地域の小規模・中堅工務店が次々に倒産・廃業する事態に陥っていました。もちろん、その下請けを担い、新しい元請けを求めない各専門業者も、例外なく日々の仕事が激減していました。

そんな劣悪な環境の中、建具屋の三代目という30歳の青年社長に会いました。

「先月の売上は、いくらぐらいありました？」

「ん～、ゼロです」

何とか事業を維持するのが精一杯の元請け工務店さん。発注を貰えない月は、ザラだそうです。自宅の建具を直したり、工場内を修理したり、ここ数か月は仕事らしい仕事をしていません。最低でも一般家庭の建具の修理需要くらいならあるはずなのに、昭和を引きずる建具屋さんは、弱くなったとはいえ地元の工務店さんに忠実なのです。

日本が戦後の復興でざわざわしていた頃、大工さんはいても工務店という事業はありませんでした。新築がされる場合、地元の大工の棟梁に話が来て、そこから各専門家が声をかけられて段取りし、各々直接施主から賃金をもらっていました。

もちろん、建具の具合が悪くなると、町の建具屋さんに直接修理依頼がかかっていました。一般家庭と建築業界の専門家は、とても距離が近かったのです。が、昭和中期以後、高度経済成長とともに、工務店が増える中、契約やスケジュール等を工務店が一元管理して、専門業者と施主との直接接触は徐々になくなっていきました。

高度成長期で異常ともいえる需要過多の時代が終焉し、昔のポジションに戻るときが来たのかもしれません。

一般家庭の人は、建具屋などの専門業者さんとの繋がりはありません。家の中で何かの不具合があっても、どこに頼めばよいかもわかりません。建築を依頼した工務店さんも、もうありません。健在だとしても、ほんの少しのことで監督さんとかに来てもらうのも気が引けます。

ドアのキシミ、立て付けの悪さ、取手の故障等々、専門家の出番が一般家庭にはゴロゴロしています。

「一度、近所を回ってご覧！　今まで納めたことのある所が100や200はあるでしょう？」

私の投げかけた言葉に対し、工務店に忠実な青年経営者は、躊躇しました。

「どこに頼んだらよいかお客さんが困っているよ。不義理にならない。昔なら当然のことだよ」

若い経営者は、1か月で100軒以上のお宅を回りました。結果、数か月売上がなかったのが一転、200万円以上の注文が来ました。

それから12年。社寺仏閣の建具技術も磨き上げた彼の工房には、毎月数百万円の注文が入るようになりました。

彼は、事あるごとに話してくれます。

「アタカさんには、足を向けて寝られません。寝相悪いですけど…」

いい男です。

4 【事業改善】日商8，000円のうどん屋さん　ターゲット変更で日商3〜5万円

万葉集に歌われる古《いにしえ》からの湯治湯・湯河原。

あしかりの　といのかわちにいづるゆの　よにもたよらに　ころがいわなくに。

東海道本線、東京から数えてちょうど20番目の湯河原駅。駅前のバスロータリーの脇に、小さな間口で構えるのが湯河原うどんの「うさぎや」さんです。

このうどん屋さんの女主人、実は、作家の吉田麻里先生なのです。湯河原の土地を気に入り、10年以上前に移住してきて、ついでにうどん屋さんを始めたそうです。といっても、飽きっぽい先生のこと、本業の小説やエッセイを書いたり、講演会をしたりと忙しいので、そこそこ店に出続けてコツを掴んだ後は、パートを雇ってあらかた教え込んで、さっさとアトリエに引っ込んでいました。

パートさんから、店のシャッターの具合が悪いと聞いて、リフォーム会社の名前を思い出しながら電話帳を探します。

「アジアだっけ、アタカだっけ？」探した電話番号にかけると…。

「もしもし、アタカです」

「ん？んん。駅前のうどん屋だけど、お宅、お店の改装できる？　シャッター修理できる？」

「はい、できますよ」

「今、来られる？」

「すぐに行きます」

当時、弊社は、湯河原にあって、もちろん駅も頻繁に利用していましたが、正直、こんなところにお店があるとは思いませんでした。

白いサッシ、その上には昔のパチンコ屋さんかと見まごうばかりのリレー電飾、洗濯物の受けに物干し竿を通して、空色の暖簾がかかっています。

紺色ならまだしも、うどん屋さんに空色の暖簾はミスマッチです。食欲を感じなくなる色ですし、何よりも目立ちません。

お店の外には植物の鉢が並びますが、枯れているものもあります。植物は虫を呼びます。飲食では避けるべき項目です。何より、暇があると思われます。

入口の右側には、ドンと大きな自動販売機が居座っています。

リピーターは少なく、一見さんのお店です。しかも、色や外観を気にしない、お年寄りしか来ない造りです。

温泉地にある美味しいうどん屋さんって、どんなイメージでしょう。さぬきの製麺所のうどん屋さんは除外してイメージしてください。

外壁は黒、それに合わせてドアも黒がいいです。のれんは黒バックに赤です。食欲を出す色、伝統を感じさせる色、人を誘う色です。

シャッターのことはそっちのけで、筆者は売上のことが気になりました。

「売上は、１日平均でおいくらぐらいですか？」

「うーん、今は、儲からない。ここ2、3年特に売上が減ったね。それはまでは月にいくらか残ったんだけど、以前は1日1万円くらいいってたけど、今は５０００円ってとこかな。仕入と家賃とパート代を払ったら足が出るね」

「ここは立地もいいですし、改装を機に、それなりの構えにすればもっと売上伸びますよ」

「そうなんだよね」

「多分平日でも1日2万円近くはいきますよ」

「そんなにいく？　まぁ、立地はいいからねぇ。でも、３時で店は閉めるんだよ」

さすが作家先生です。言うまでもなく、お店の問題点はわかっておられました。が、それを叶えてくれる業者が見つからなかったとのことです。

先生の要望は、シャッターの交換と床の打ち直しです。ですが、店の売上も改善できるならばしたいとのことでした。

「いくらかかる？　シャッターと床は、大家さんに出してもらうから」

「シャッターと床を除いて１５０万円」

「…ん。わかった。じゃそれで。で、１週間でやって」

床の打ち直しに3日間、シャッターはその期間に変えられる。残りの改装にかけられる時間は4

日間だけです。

看板、外壁、飾り屋根、倉庫を兼ねた大型行灯を新しく作成して、自動販売機側に壁をつくって、内装ではカウンターのつくり変え、腰壁の作成、テーブル・椅子の総取り換え、しかもサイズが限られるので特注。白いサッシの塗装、メニュー、のれん、幟旗、その他もろもろ。

テーブル・椅子は、先に取りかかるとして、現場作業はタイトですが、やれないでもないギリギリのところです。

「わかりました。ありがとうございます。すぐに取りかかります」

工事に入ると、床にトラブル発生、１日工期が延びました。内装・外装は３日間に。できるところは、先につくり置きすることになりました。

事務所の応接スペースにブルーシートを敷いて作業場にしました。本来は、現場仕事であるつくり付けのテーブル・椅子のパーツを社内で作成して塗装します。大型行灯、自販機の壁、店内の腰壁、それぞれのパーツも予め切り刻み、塗装していきます。

デザイン専門で現場はパスのスタッフも手伝い、社員総動員で作業日数を１日浮かします。毎夜遅くまで、最終日は徹夜を越して、開店1時間前にやっと仕上がりました。

大きな行灯、黒い壁、赤いのれん、うさぎがうどんを食べているオリジナルの鳥獣戯画。温泉地に出現した江戸時代を思わせるうどん屋さんです。オープン初日から新規客が堰を切ったように入り始めました。

平均で1日2万円弱、よいときには5万円を売り上げます。11時から15時までの4時間営業です。

何より変わったのは、客層が老人・女性中心から若い男性にシフトしたこと。

「若い男の子はいいよ。食べるのが早くて回転がいいし、忙しいと自分で丼を下げてくれる。おかげで売上も上がったよ。仕上がりは遅かったけどね」

落として褒めてのあしらい上手な先生のお店は、来年、3回目の改装に入ります。

5 【事業改善】開業80年。月商10万円の老舗自転車屋サンが月商80万円に至るまで

結果的に8倍の売上となりましたが、改善初年は10倍の売上を記録していました。ただし、8倍、10倍といっても、もともとの売上がきわめて少なかったので、業種でいえば最低でもこのくらいの売上は欲しいという妥当な額です。80万円あれば、そこそこの中小企業の給与ぐらいの利益が得られます。

店舗の家賃が5万円と格安でしたが、店の売上が10万円ではタダ働きも同じかマイナスが出ます。そんな状態がバブル崩壊後の15年以上も継続していたようです。

自転車修理の道具が並ぶ工場的なスペース、どこも油で黒ずんでいます。パンク修理や破棄自転車を修理したリサイクル自転車を主な売上にしていました。

隣には、少し広いディスプレイスペースがありましたが、古びたテーブルが置いてあるだけで、

お客様の椅子はありません。本当に昔ながらの自転車屋さんです。

外観を見ます。道路に面した部分が広く、奥行きが狭い店舗です。工場側には、白いペンキが剥げた古い木製のガラス戸が並んでいます。ディスプレイ側が、銀色のアルミサッシです。

ガラス戸には、メーカーや組合のポスターが貼られています。カーテンが閉まっていれば休み、空いていれば営業中なのですが、日中でも人がいない場合が多く、お客様も声をかけづらい環境です。

店間口の上には、幅10ｍくらいの白いビルボード（大型野外広告）のようなスペースがあります。その面の左下に店名と電話番号が書かれたプレートが貼ってあり、左上には色あせたメーカーの立体文字が貼ってあります。もともと鮮やかな赤い立体文字だったのが、30年、40年経過したのでしょうか、読めなくはありませんが、ほとんど薄ピンク色になっています。

看板や外部表示は、「読めればよい」のではありません。お客様は、そこに経営者の「やる気」を見るのです。自分がお客として歓迎されるだろうか？　今は違う事業をしているのではないか？　自転車は並んでいるけど廃業しているのではないだろうか？　とか、勝手な想像をします。

やはり、外観（ファサード）は、お客様を心から迎え入れる姿勢が見えなくてはなりません。綺麗に、気持よく、礼儀正しく、優しく迎え入れるのです。

改善のポイントは、国道沿いのファサード、インターネット検索に備えたホームページの充実、改装オープン告知のチラシ。そしてそれらに共通する基本ロゴ・デザインの構築です。

まずは、デザインに沿って目立たないビルボードを赤く塗り、ロゴとサイクリングを楽しむカップルの写真の大きく表示。店名も、「○○サイクル」から「○○じてんしゃ工房」としました。

入口のガラス戸のちぐはぐなポスターはすべて撤去して、ガラス中央にイメージロゴを表示し、ブランド感を訴求しました。サッシ枠は赤く塗り、その他の木製柱部分と工場の窓枠は黒く塗りました。全体にシャープさが出て存在感が強くなります。様々な細かい装飾も重要です。

店内の改装は、予算もないので最小限に。床、照明の調整、柱の塗装で何とかお客様を迎え入れるレベルにしました。店舗奥の壁には、大きなタペストリーをかけ、祖父の代からの80年の歴史を綴りました。

ラインナップも、「安い」から「高級でよいデザインの自転車」にシフトしました。高級住宅街といわれる場所では、今までのような5，000円のリサイクル自転車や1万円でお釣りが来る廉価なママチャリは売れないのかもしれません。適材適所、よい場所ではよい商品です。

チラシは、メーカーの協賛もあって、目玉商品がワンサと並びました。これを市内全戸配布ではなく、近隣世帯に5，000部、そして同じ国道を利用するであろう世帯地域に的を絞って15，000部を配布しました。高級志向を狙うので、低所得層の地域はあえて外しました。これも無駄を抑えコストパフォーマンスを上げるためです。

ホームページは、コストを抑える意味もあり、1ページのスクロールするタイプにしました。ロゴ、基本デザイン、お店のコンセプト、場所などを記載しています。

SALE
cycle

チラシが撒かれ、オープンを迎えました。

「近所にいるけど、こんな近くに自転車屋さんがあったなんて…」

「オリジナルの自転車はできるのかしら?」

お店に30年前の盛況が戻ってきました。

実は、80歳を超える経営者様は、数年前から痴呆症の症状が出ていました。毎日多くのお客様で賑わっていた昔を思い出しながら、1日中工場の椅子に座って、お客様を待つ日々でした。たまに声がかかっても、パンク修理か中古自転車の引取りの話。経営者様は、年々言葉少なになっていきました。それが驚くことに、お客様からの沢山の質問・要望を受けながら、止まりそうになっていた思考が再び強く動き始めたのです。

滑舌になり、的確な受け答えをする老父を見た娘さんは、改装したことを改めてよかったと感じられたようです。売上よりもこのほうがよかったのかもしれません。

6 【事業改善】5年前に改善済み　いまだに売上が伸びる磯料理屋さんとは?

関東地方でドライブがお好きな方なら見たことがあると思います。巻頭の写真ページをご覧ください。ピンクの建物の料理屋さんです。国道135号線、小田原から伊豆へ向かう海沿いの道路。東京からだと真鶴半島の手前、右側に見えます。

東日本大震災の前年、若き経営者様よりご相談を受けました。

近所に新しいお店ができて、売上が好調時の半分ほどに落ちてしまったのです。改装を目論んでいるが、それを機によい事業環境を得たいとのことでした。

お店は、お父様の代から40年、質のよい新鮮な磯料理を提供してこられました。付加価値も高く、客単価も高く設定していました。売上のピークは、２０００年頃、パラダイムシフトの変わり目の頃です。それから徐々に売上が減り始め、２００９年には全盛期の半分にまで落ち込みました。

売上減少の理由は、次の３つです。

①　長引くデフレの影響で、付加価値の高い料理屋を利用できる人の割合が減ったこと。

②　お店の前を通り伊豆へ遊びに行くお客様が減ったこと。

③　経年劣化でお店の外観の魅力が落ち、新規客を呼び難くなっていること。

近所の同業者のオープンは、少し気になったので覆面調査をしたところ、客単価も違うし、ターゲットも競合しないことがわかりました。売上減の直接原因にはなりません。

改めてお店の内外を調査しました。

まずは、アプローチです。国道に出て、下り路線（伊豆半島へ向かう）、お店が見え始めるポイントから通り過ぎるまでを20メートル間隔で写真に収めました。

お店は、下り車線で目立ちます。が、右折をするという行為は、利用の障害になります。よほど対向車がいないときでなければ、入りたいと思っているお客様であっても3割はスルーしてしまいます。

しかし、メインの大きな看板は、お店の伊豆半島側にあり、下り車線の運転手が目にしたときにはお店入口を過ぎています。

さらに、上り車線用の看板のはずなのに、上り車線から見ると手前に樹木が生い茂り、看板を隠しています。設置当初は、手前の樹木も小さかったのでしょう。

これらは、認知力が働かない状態ですので、的確なサインの設置が必要になります。

現在は、駐車場から階段を上がり、2階左手に入口がある仕様です。しかし、昔は、階段横の1階部分も客席だった痕跡があります。今は物置として使われていますが、この部分の外壁の見た目がよくありません。そこで、こちらは、何らかの形で隠す必要があります。

次に、駐車場です。普段から高級外車で利用されるお客様が多いのに、駐車場のラインは昔の狭い一本線で、実際にはあまり機能していません。お客様用の車はマックスで12台。使い勝手のよい印象を植え付けたいです。

階段横の植え込みも相当荒れています。管理の難しい草木を植えているようです。ここも改善が必要です。

次に、駐車場から店舗入口に上がる階段です。上がりきった正面に置かれた水槽、その後ろはスダレで隠していますが、厨房の裏口や昔社員寮として使っていた古いプレハブの劣化した外壁が見えます。これは、何らかの手法で整理整頓し、隠さなければなりません。階段上の踊り場の右側には、和風に合わないレンガ造りの植え込みがあります。これも考える必要があります。また、入口が階段上にあるという誘導も必要です。

入口は、格子戸の自動ドア。その手前左側は、石垣の崖。鉄パイプの手すりがあります。小奇麗にまとまってはいますが、旅行気分を盛り上げる「非日常」があれば、さらにプラスイメージアップになります。

店内です。客席スペースは、すべて海側にあります。入口に近いスペースにテーブル席、真ん中から奥までずっと広い座敷です。窓側のお客様からは海が見えますが、通路側の席からは窓側のお客様越しにしか海が見えません。それに、駐車場には12台しかスペースがないのに、テーブルが20近くあります。車以外のアクセスはほぼ無理な立地です、観光バスの団体客が入らない限りテーブルは埋まりません。

その他にも、様々改造ポイントがありました。それらを経営者様に報告すると、売上がよくなるようにやってくださいとのことで、売上アップ改造が決定しました。

まずは、全体のイメージコンセプトをつくります。

現状は、白いモルタルの壁です。伊豆地方に特に色味はありません。強いて言えば、ミカンのオレンジ色でしょうか。ですが、近くには、オレンジやレモン色の事業所が既に存在します。

東名高速道路を厚木インターで小田原厚木道路に、小田原西インターか終点の石橋インターで一般道に降りてこの場所に至るまで、あまり目にしない色、しかも、よい印象が必要です。

食を想像させる色は、暖色です。オレンジなどは既に近隣にあります。赤は、中華や居酒屋を連想させますし、ここまでの道中にも数か所あります。海老色と白色の中間色なら使われておらず、記憶に残ると思いました。薄海老色とでも言いましょうか、食を連想させつつ、現代にはあまり目にしない色です。

店名は、筆で書体を起こします。市販のフォントは使いません。どことも被らないようにです。オリジナル性が印象に残るからです。海老をイラスト化したロゴマークもつくりました。付近でとれる甘みの強い伊勢海老をコンセプトに、嫌らしくならないように高級感を伝えるためです。魚のイラストとともに看板、のれん、箸袋などに統一使用します。

色とロゴが決まりました。ですが、これだけでは普通の少しスタイリッシュなお店です。伊豆旅行のついでか帰りに利用してもらう施設です。旅人が無意識に感じている非日常を具現化してあげなければなりません。

伊豆といえば、源頼朝です。15分走れば、北条政子と待ち合わせたという熱海伊豆山があります。東京方面に5分程度走れば、石橋山の合戦後です。すぐ近くの真鶴半島には、石橋山の合戦で敗れた頼朝が千葉へ逃れ再起を図るために船出した岩海岸があります。周囲には、源平合戦の舞台がたくさんあります。

時代のコンセプトは、平安末期から鎌倉時代。宮中のイメージを店内に表現しました。通路と客席の間には、御簾を垂らしました。床や建具は黒ですが、上部は朱色に塗られています。全体に照明を落とし、海側の大きなガラス窓に広がる相模湾をクリアに借景します。

問題は客席。禁煙席をつくるために、テーブル席のエリアを利用します。テーブル席と座敷の間には、大きな格子のふすまを立てて煙の侵入を防ぎました。

座敷は、畳を外し、一寸厚の青森杉を敷き詰め、炭渋で塗装しました。炭渋は、杉材に染み込み、綺麗な艶を出します。京都の古寺の縁側の板廊下のようです。

海側は、板の間に座るように低いテーブルと座椅子、赤いフカフカの座布団を敷きます。海側の席と通路の間の広いスペースは、一段高くして小上がりの掘りごたつのようなつくりにしました。この段差で、どこからも海が眺められるようにしました。囲われた席は、相撲の桟敷席のようです。伊豆で唯一の桟敷席というアピールができます。

また、お客様のプライベートを図るべく、手すりでスペースを分け、上部を朱色、下部を炭渋で黒く塗りました。テーブルも黒です。

外壁は薄海老色、柱や木の部分には、黒を用いてコントラストを強めました。

問題の1階部分は、人が通れるスペースを残して、６尺の黒塀で囲みました。黒塀には、１間ごとにロゴ入りの行灯をつけました。

伊豆半島側の大きな看板は、構造が弱かったため撤去し、基礎をしっかりとつくって鉄骨構造の大型看板にしました。もちろん、伊豆側の植栽は切り落としました。

東京側の駐車場入口横にも、大きな縦長の看板を設置しました。この看板の上には、駐車場を照らす投光機も設置しました。入口反対側にも外照式のパネル看板を設置。国道の上りにも下りにも設置することで、入口がわりやすいようにしたのです。入口がわかりにくいと、何割ものお客様を逃すことになります。特に一見客の多い観光地では必須です。

駐車場は、改めてゆとりある線引をしなおしました。植え込みも、椰子の木を撤去して、植木屋さんに頼んで竹林にしました。これも平安末期の演出です。

階段上は、従業員寮や厨房裏口を隠す黒くて高い塀を設置しました。その大きな壁の中央に店看板を設置しました。右手の植え込みは、レンガを隠して和風にアレンジ。

入口スペースには、縦横6尺の大きな暖簾が海風になびきます。駐車場側は、格子戸をつけて和の雰囲気を強くしました。建具もすべて炭渋で黒くしています。

これにより、下げた売上を戻した上に、いまだにお客様が増え続けるお店になりました。

詳しくは、巻頭の写真をご覧ください。もっと詳しくは、ぜひ、お店をおたずねください。

7 【事業改善】男のマーケット、自動車修理屋さんに女性客を増やす戦略

小田原にある高助自動車様は、歴史ある地元密着型の自動車修理工場。事業名は、「たかすけ自動車」、おじいさんのお名前だそうです。

自動車修理工場といえば、屋外作業、油、汗というガテン的なイメージが強く、一方、レースや

改造車なども連想され、女性からするとワイルドで男性的な閉鎖的世界のイメージが強いので、1人では入りにくいハードルが存在します。

修理ばかりでなく、メーカー取次の新車販売もしますが、昨今のメーカー直営ディーラー網の拡大進出により、取次販売が減ったばかりか、各ディーラーが修理・点検・車検まで、町の修理工場を干上がらせんとするような囲い込みをあからさまにしたために、その存在価値が大きく損なわれていました。

男性だけの世界。しかし、売上挽回のポイントは、女性の獲得にあります。新しいマーケットが開かれると、大量の新規客が雪崩れ込んでくるのです。

改装のターゲットを女性とする場合の改善点は、その男性的なイメージの払拭と、修理工場の利用の仕方をいかに理解してもらうか、そして、どうしたら新規客来店のハードルを下げられるかが課題になります。

お話を聞くと、やはり、最近は売上が減っているとのことでした。

当然ながら、売上アップのサービスもご案内したら、ぜひにとのことで、単なる綺麗な看板でなく、デザインを伴い、売上アップに繋がる総合看板製作および事務所外観の改修を実行することとなりました。

実際、メンテナンスやアフターフォローのきめ細かさは、メーカーに劣らず、修理技術も高レベルで、修理にかかる日数の融通もきくので利用価値は充分にあります。自家用に違うメーカーの車をそれぞれ持っていても、同じ場所で修理や点検を受けられるのもメリットです。また、外車も完璧にメンテナンスできます。

例えば、どこかにぶつけて凹みができて塗装も剥がれた場合、ディーラーの多くは板金塗装工場に回して、さらに手数料を上乗せするので、修理工場へ直接依頼するほうが価格も安く、修理に関する様々な希望も直接伝えられるという利点があります。小規模事業に共通する「融通が効く」ですね。

だからといって、価格が安いことを売りにすると、これから築こうとする価値の視点がまたややこしいほうへ向かうので、上手な修理、お客様の要望を細かく聞ける、自動車修理の名医というようなポジションに持っていくのが理想です。そして、女性に利用されること。コンセプトは固まりました。

さて、話を戻します。

工務店経由でお話をいただいたので、当初、社長さんは、弊社を普通の看板製作会社と思われていて、売上を上げようというよりは、単純に外観を綺麗にしようと相談されたようです。

弊社は、自社内で看板もつくれますが、看板屋ではありません。クライアントさんの会社を強くする、優位な環境にするという明確な目的を持ち、大型メディア印刷機やオンデマンド機もあります。印刷も、デザインも、ホームページも、販売促進グッズも…、売上が上がることすべてを提供する会社です。

新規客が多く利用するようなイメージをつくるために、本来ならホームページやリニューアルオープンチラシも作成したいところでしたが、当初計画を曲げるわけにもいかので、看板という括りで最大の効果が出るように考えました。

最初に、経営者様に、マスコットロゴ・ロゴタイプ・カラーを提案しました。

マスコットロゴは、車を運転するかわいいチョンマゲ侍のキャラクターです。高助という屋号から連想される時代感を反映しました。タイプも「たかすけ」と、スタイリッシュなひらがなのロゴを使用します。事業カラーは、緑と補助色として黒を添えます。

今までの外観イメージは、レースなどのゴールで使われる赤と白のチェッカーフラッグを模したもので、男性的な印象が強く現れていました。そのためか、女性客は少なかったそうです。

こちらの修理工場は、国道1号線を挟んで両側にあります。東京から箱根に向かって左側30ｍにわたり修理工場と事務所が、右側も同じ長さで自動車販売とその事務所が、それぞれあります。

その長い修理工場の建物正面上部にイメージ看板と取扱いサービスの紹介を、側面にもコンパクトにまとめた看板を、近くの信号三叉路交差点に誘導看板を、自動車販売エリアの端と事務所入口付近に立て看板を、それぞれ設置しました。

事務所も、緑カラーとマスコットロゴを使用した装飾を施し、デザインの統一感を得て、入りやすいイメージにすることができました。

工事直後から女性客が増え始め、女性に優しい町の修理工場の認知が広がっていました。

8 【事業改善】ロードサイドのみかん屋さん　客単価500円が2，000円になるまで

地方をドライブすると、ロードサイドの様々な直売所が目につきます。野菜販売、果物販売、産みたて卵販売など、農家さんが直接販売する店舗で、多くは無人ですが、みかん屋さんは昔から店番がいます。

ミカンを網に入れて1袋300円から500円で販売しています。みかんの収穫は、主に秋から冬なので、それ以外の時期は土・日が主な営業日です。

クライアントさんを通じて、みかん農家さんからご相談を受けました。近所にジューススタンドができ、その影響で売上が下がってしまったとのことです。

国道沿い、観光客が利用するドライブインの隣にお店があります。もともとは、選果や保存用のプレハブだったのでしょう。ほぼ倉庫です。床に置いた黄色いプラステックのミカン集荷箱の中には、網に入れられたミカンが並んでいます。店舗中央には、手づくりの商品台があり、その上にも何種類かのミカンが置いてあります。

様々お話を伺っていたとき、お客様が入ってきました。よい生活を漂わす服装の観光客の中年女性です。経営者と話をしながら商品を選び、500円と300円のミカンをそれぞれ1つずつ買っていきました。

うーん。この店舗の問題点は、２つあります。１つは外観。お客様の集まり方を左右します。もう１つは内装。客単価を左右します。

客数を増やすこと、客単価を上げることを目標に据えて、プランニングに着手しました。

白いプレハブ、店先のプラスチックの波板の屋根、銀色のアルミフレームの看板、この日常的な風景がお客様の旅の雰囲気を壊します。したがって、来客が少ないのです。

白いプレハブの側面、地面から人の背丈を超える高さまで木板を縦に貼り、黒いスカートのように塗りました。遠目には昔の蔵のように見えます。

入口上の波板の屋根を外し、こちらも黒く塗った木板で張り直します。

銀色のアルミフレームの看板は、撤去して、削ったばかりの板模様の大きな看板をつけました。店舗名を「○○農園」から「みかん本舗」に変更しました。

２方向ある入口には、白い木綿に屋号を染め抜いた粋な暖簾をかけました。暖簾が風になびく度に遠くの観光客を誘います。

側面には、ミカンをイメージするコンパクトな懸垂幕を数本設置して、情報の新しさをアピールします。

次に店内です。

プリント合板の壁に軽量の金網を雑に打ち付け、その上から珪藻土を塗っていきます。柱やはりは黒く塗り、色のコントラストをつけます。

奥の倉庫との間のアルミ扉を外し、古道具屋で調達した古い引き戸を建て込みます。棚もつくり直し、その上に置くミカンの箱も、プラスチックではなく、昔に使っていた木箱を再現しました、

蛍光灯の照明は外し、昔ながらのガラスの傘がついた裸電球を吊り下げました。

ミカンの価格は据え置きにしましたが、リニューアル後は明らかにお客様が増えて、500円だった客単価も2，000円近くになりました。

しかし、一番例年と違ったのは、営業日数です。ゴールデンウィーク直後に売り切ってしまい、早々に店じまいしました。旦那さんは、慌ててミカンの木を増やしたそうです。

店舗だけではありません。ハガキ大のショップカードを作成し、お買い物の袋に入れました。お家に帰ってゆっくり見ながらミカンを食べてもらうようにです。それに連動してホームページも作成し、リピーターのご要望に応えられる体制もつくりました。

ミカン一つひとつに情報を記したタグもつけ、商品管理にも力を入れています。

ミカンから派生するジュースやみかん畑のミツバチの蜂蜜、柑橘果物を使ったジャムなどの加工品も販売しています。

今では、遠方の洋食レストランや有名和食料理店からも引合いがあり、すっかりブランド化してきました。それもこれも、旦那さんがミカンに抱く飽くなき研究心の賜物です。

徹底した雰囲気づくりが、お客様に付加価値を与えるのです。

あまいみかん
みかん
…

9 【事業改善】製麺屋さんのブランディング戦略

中井町にある製麺屋さん。140年以上の歴史があります。屋号は車屋。その昔、水車の動力で小麦を搗いていたことからその名がついたそうです。

製麺は、昔のような手打ちはなく機械による製造がほとんどで、業務用と一般販売店の納めをしています。

業務用は、自家製麺機の普及や手打ちの流行から、年々製麺の注文が少なくなっています。

そんな中でも、車屋さんは、湿度温度だけではなく、人間の五感にしか感じないような環境の変化に社長自らが1日中加水・温度調整を行い、昔ながらの味を保っています。その品質は業界内でも一目置かれた存在です。

その真面目な社長さんが、知合いの紹介でご相談に来られました。

「特に困ってはいないけど、プランニング・デザインのプロの目で当社を見てほしい」

社長が仕事を終えた頃合いを見計らって、夕方の製麺所を訪ねました。

工場は、粉の貯蔵庫、製麺エリア、そして乾燥室に分かれています。細かいことは企業秘密で言えませんが、粉を練り、延して、ロール状にまとめ、裁断して麺状にします。乾燥させるときの麺の長さは2m。乾燥室には麺のカーテンができます。

一連の製造を案内してもらい、事務所に戻って商品を見せてもらいました。

車屋イチオシのラインナップのブランド名があり、パッケージの色で、うどん・そば・ラーメンそれぞれのバリエーションに分かれます。絵柄は、水車と粉挽き小屋を版画タッチで描いています。

「どうでしょうか？」

「悪くはないですが、これは経営者側のデザインですね。顧客主義で考えれば、全く違うデザインになります。きつく言えば古いです」

経営者主義は、需要の高い時代にあったものです。何をしても売れるから、経営者のわがままが通った時代です。多くの経営者は、自分のアイディアやデザインが役に立ったと思っていますが、どんなデザインでも関係ない時代でしたから、いまだに勘違いしている人が多いのです。

車屋の商品の何が経営者主義かというと、デザインのコンセプトです。

自社の物語をデザインにすれば、経営者は喜びますが、昔を知らないお客さんは何のデザインかわかりません。というより、興味を持ちません。つまり、売れるかどうかの素因になっていないということです。

顧客主義をコンセプトにすれば、何の麺であるかの表現が先に来るはずです。お客様が食材を探しているのに応えるのが重要です。まず、何の麺か？　どんな特徴があるか？　何人前か？　それがわかりやすくデザインされていなければなりません。

名称についても、統一ブランド名よりも、それぞれの麺に特徴を訴求するようなオリジナルの名前をつけてあげるべきです。

商品の訴求が最大限にできるのであれば、たとえ色が被ってもよいはずです。経営者主義のデザインルールは、お客様にわかりにくくなる傾向があります。

「そうか、顧客主義のパッケージデザインか」

社長は、大きく頷きながら話を聞いてくれました。話をスイスイと飲み込み、噛み砕き、損得を直ちに判断する力は素晴らしいものです。頑固でなく、我儘でもありません。

筆者は、遠慮なく現状を話し、あるべき姿を語ります。

「ホームページは、いち早く直すべきです」

優れた業務用発注システムを有す多機能なホームページは、デザイナーでなく、プログラマーがつくったのでしょう。デザインに豊かさがなく、かつ、時代遅れです。

買うことを決めた人には使い勝手がよいのですが、買うかどうか決めようとする人には、あまりに夢のないデザインです。

たくさん時間をかけて、たくさんの話を尽くして、車屋さんのブランドは、確実に上がってきています。

キャッチコピーを決め、ロゴを決め、デザインルールを構築しました。

名刺、社章、ブランディングホームページ、会社案内、新商品案内など、徐々に新しいデザインへ移行しています。

10 【営業改善】大手ドアメーカーでの成功と失敗

どんなツテで仕事が入ったのか忘れてしまいましたが、15年ほど前に、大手ドアメーカーさんの広報部のお手伝いをさせていただきました。

男性ばかりの営業チームに渡す女性ばかりの広報チームが作成したツール。なかなかしっくり来なかったようです。

その会社で新しい商品ができました。壁の中に隠れてしまう建築用部材ですが、部屋の壁を増設したり、撤去したりするときにとても便利に活躍する部材です。説明するのが難しいし、パーツだけ見せても何の部品かわかりません。広報部の皆さんは、どうやって営業ツールをつくろうかと悩んでおられました。

筆者も沢山説明していただき、実物を見せていただき、取付け現場も見学して、やっと理解しました。多分、ここに書いてもわからないと思います。とにかく、売りは、便利であること、コストパフォーマンスがよいこと、そして、隠れてしまうことです。

「んーん。隠れちゃう…、これだ」

隠したくないけど隠れちゃう。それを見せるには、穴から覗かせなければなりません。覗くのは面白いものです。ちょっと変態的な発想かもしれませんが、昭和の中期、家の塀がまだ木板だった頃、所々に節穴が開いていて、何が見えるわけでもなくて、子どもの頃はよく覗いたものです。穴の周りに墨汁を塗って、覗いた人の目の周りにクマをつけるイタズラもしました。

特に、この業界の場合、営業も対象顧客も男がほとんどです。男同士のコミュニケーションツールに、女性の感性ではなかなか通りません。

パンフレットの表紙には、まず木の塀の模様をつけました。タイトルは、「壁の中に隠れちゃうけど、大切なジョイント」です。表紙の真ん中に、7センチ大の穴を開けました。縦置きA4サイズが横に3枚つながった、巻き3つ折り・A4仕上げのパンフレットは、価値の高いジョイント販売のためと、穴を頑丈にするために、通常より厚い紙を使いました。

表紙に開けた穴の向こうにジョイントが除き見えるようにレイアウトします。表紙を開くと、ジョイントの詳細イラストが真ん中に位置する中表紙が現れ、隠れていた部分にはそれぞれの名称や特徴の解説を散りばめています。さらに、中表紙を開くと、A4の3枚分のスペースに、使用方法や利点などが、話すのが楽しくなるようなイラストとともに描かれています。

最後に、もう1度表紙に戻って、表紙下部にかわいい犬のイラストを足しました。もしかしたら、この犬は、おしっこを塀にかけているのかもしれません。営業マンが、話題豊富に楽しく、コミュニケーションできる仕掛けだと思っています。

プレゼンは、オオウケでした。営業マンもそのツールを持って外回りするのが楽しみなようですと、ご報告いただきました。

社長

その後、間もなく、再度呼び出されました。今度はホームページの作成です。

当時、日本にホームページが上陸して間もない頃で、今のようなデザイン力や技術はありません。そんな中で、楽しいイメージで伝わるホームページを作成して欲しいと、クリエイター冥利に尽きるご依頼をいただきました。

覗き穴パンフのデザイナーと各ページのレイアウトを考えました。表紙には、パンフに登場したイラスト家族の集合写真的なイメージを配置します。夢を売る会社として、虹も描きました。

「話が通じる世代はよいな！」

若い女性広報チームとの連携も和やかに進み、クリエイターとしての腕の見せ所に、筆者のやる気スイッチも強く押され続けていました。

覗き穴のウィットが効いて喜んだ筆者は、天狗になっていたのでしょうか？　隙ができたのでしょうか？　楽しく明るいイメージのホームページを作成し、途中経過を確認してもらいながら、詰めの作業に入ろうとしたとき、作業ストップの通達が来ました。

社長挨拶のページで、20秒に1回、社長の写真がウィンクする仕掛けになっており、これは広報チームの了解を得て進めていましたが、ウィットがわらない社長の怒りに触れたようです。

営業の不振をウィットある営業ツールで突破したことは評価されても、自分自身のウィットには目を瞑れない指導部。この会社の新時代への移行はきっと大変なんだろうなぁ、と感じました。9割がた作業が終わっていたのに、1円も貰えないなんて、痛恨の極みです。大変勉強になりました。

第2章　事業の調査・評価
どこをどう改善するかを見つけ出す

1　成長余力という考え方（基本デザイン・認知戦略・店舗外観・内装・商品・接客）

筆者の売上アップ支援の成功率は、95％以上。ここ数年は、100％です。それには、理由があります。簡単に言えば、事業成績が上がるところしか支援しないからです。

今までのコンサルタントなら、売上が上がろうが上がるまいが、コンサルタント契約を結び、コンサルタントフィーをいただくことが目的でした。したがって、実力のないコンサルタントは、100のうち3つも成功事例を出せばよいなどと居直ります。

筆者には、「顧問先の売上アップ」という、明らかな依頼要求というべき目的があります。その誇りは、多くの成功事例、日本でもトップクラスの高い成功率です。成功率が高いのは、決して安易な課題だったからではありません。

ご相談に来られる方は、多くが喫緊の深刻な問題を抱えておられます。廃業しようかと何度も考えた末のご相談です。そして、そのほとんどは、売上アップで解決できるものでした。

ご相談を受けながら、その課題が解決できるかどうか見定めさせていただいていますが、「売上アップ」で解決しないのは、経営者の資質の問題か、事業が既にニーズがないものですので、その場合は依頼を受けません。

売上アップを叶えるには、「事業の成長余力」が必須です。わかりにくいかもしれませんが、ビフォアー・アフターともいうのでしょうか、売れない事業の環境が１００点満点中の30点だとして、そこから改善して満点の１００点になれば、70点分の改善効果が出て、売上は3倍近くになります。この改善可能な70点を「成長余力」と呼んでいます。

成長余力を評価するフォーマット・事業調査報告書（図表1）がありますので実物をごらんください。

実際には、６つの分野があります。各分野10点ずつなので、満点だと60点の評価表です。

①　事業デザイン

会社ロゴ、キャッチコピー、名刺・封筒・パンフレット等の各種ツールのクオリティ、また、それらを展開するルールの存在など、顧客にいかに構えているかのデザイン性やセンスを評価します。

②　認知戦略

ホームページ、チラシやコミュニティー誌などへの掲載、ＤＭの有無、ショップカード、誘導看板など、認知を促す広告のデザイン、センス、実際の効果などを評価します。

③　事業の外部印象

店舗の場合は、看板やウィンドマーキング、店舗外観デザイン、店の外への商品サービスのメニューや価格やの明示、事業の雰囲気がわかる紹介などが外部にしっかりとされているかを評価します。

④　事業の内部印象

内部に日常を連想させるモノがないか（あるとダメです）、内装は的確か、白が多くないか（白

【図表1　事業調査報告書】

事業調査報告書

調査対象事業名：　　　　　　　　　　　　調査担当：古河

住所

電話番号他　　　　　　URL：

調査日　　　　　　　　調査同行者：

現在の売上　　　　　　客単価　　　　客数　　　　原価率

要望・課題

項目	調査内容	評価点
1事業デザイン 何もない場合が0点、ルールを作ろうとしている3点、ある程度ある5点、まぁまぁ魅力に繋がっている7点	事業概念・視覚概念・事業方針・事業計画等、事業の外形にルールがあり、且つ機能しているかを調査する	0
2広告戦略 機能している(10点)まぁまぁ(8点)普通(6点)外部の力のみ(4点)広告が必要(2点)業態の改革が必要(0点)	チラシ・パンフ・ホームページ・看板等、認知・紹介・誘導に関する活動が必要なだけ行われているか調査する	0
3事業外観 面白い(9・10点)良くできている(7・8点)普通(5・6点)つまらない(3・4点)悪い(1・2点)やばい(0点)	事業の紹介・価格や営業の明示・業種のイメージ・好感を持つしかけ等、入りやすいイメージがあるかを調査す	0
4事業内部 面白い(9・10点)良くできている(7・8点)普通(5・6点)つまらない(3・4点)悪い(1・2点)やばい(0点)	お客様の利用を妨げない内装・綺麗さ、滞在する魅力、非日常性や差別化が成されているかを調査する	0

5商品の魅力	商品の質、紹介の方法、ネーミング、差別化、表現方法等、商品が魅力的に紹介されているかを調査する	評価点
面白い(9・10点)良くできている(7・8点)普通(5・6点)つまらない(3・4点)悪い(1・2点)やばい(0点)		0
6人的魅力	経営者の意識・経営指針・大義名分等のリーダー素質の確認、スタッフの意識、印象、オペレーションを調査す	評価点
言う事無い(9・10点)良くできている(7・8点)普通(5・6点)短所が目立つ(3・4点)悪い(1・2点)やばい(0点)		0

が多いとおよそ付加価値を下げます）、買い物やサービスに集中できる環境か、ＢＧＭは的確か、などを評価します。

⑤　商品・サービス評価

商品のネーミング、パッケージデザイン、メニューやポップなどの紹介方法、陳列方法などを評価します。必要な場合は、クオリティも評価します。

⑥　スタッフ・経営者の評価

スタッフの衣装やイメージから態度まで、お客様に影響する部分を評価します。

また、経営者の想いや性格などにより影響していることも併せて評価します。

６分野、現時点で悪い部分をチェックして、事業におけるマイナスの消去を実行すること＝事業の成長余力を埋めることにより、事業魅力が高まるのです。

この調査で60点満点中20点と評価されたら、あと40点の余力があり、売上は3倍に伸びる可能性があるということになります。

のびしろ

2　マイナス評価の元を消す。日常・汚れ・劣化・チープさ・家庭的・普通、全部いらない

事業の成長余力調査でマイナスとなるポイントは、次のとおりです。

①　**汚れ**

外観では、看板の日焼けや汚れ、蜘蛛の巣、暖簾やドアの手垢、足ふきマットの汚れ、自分の事業以外のポスターやチラシ、金色の文字や装飾、植木鉢など。

内部では、匂い、床の汚れ、壁の床上30㎝くらいまでの黒ずみ、壁やクロスの割れ・剥がれ、有名人のサイン、賞状、写真、友人からの贈り物、宣伝入りカレンダー、メニュー、テーブルや椅子の劣化など。

②　**日常性**

日常性とは、生活感のことです。例えば、小学生の子どものランドセルが置いてあるとか、店の入口に子どものオモチャや自転車があるとかは、とても悪い例です。

その他に、白い壁、薄茶色のテーブルや家具、イケアやニトリで買ったであろうと思われる家具類、１００円ショップのプラスティック商品（トレー・バインダー）、掲示物が古い、メニューに欠品が多い、掃除が行き届いていない、レジ周りに納品伝票や郵便物が溢れている、服装がだらしないなど、チープさがお客様に見えてしまう事業では、高い付加価値やブランドは育ちません。

③ 怖さ・気味悪さ・チープさ

あるビジネスホテルからのご依頼。もちろん、稼働率を上げるご相談です。ホームページやチラシなど、経営者が意識できている課題の他にも、気になる点がありました。ファサードデザイン（事業所正面）です。全体的に黒の壁、大きなガラスの入口はよいのですが、黒の雨除け屋根に金色の立体文字でホテル名が書かれています。

黒に金文字は、扱いが難しいデザインです。ヨーロッパの名の売れたブランドであれば、高級ファッションのイメージが先行して問題はありませんが、日本で、ブランドのない段階での黒金の多くは、特に女性から怖いイメージを持たれます。

字体で女性が怖いと感じるのは、江戸文字です。祭りで使うような太い筆文字は、黒金と同じイメージを持たれます。また、太い角ゴシックも苦手な傾向にあります。逆に、女性が無意識によいイメージとするのは、丸ゴシック、明朝、筆文字でも細めの楷書体などです。

よいイメージは、見ることに悪い印象はつきません。意識しなくても、悪いイメージを出してしまっていると思うように、利用されないジレンマに陥ります。

また、善し悪しは別にして、チープさを出してしまうイメージもあります。色でいえば、黄色、薄すぎるパステル系の色、組合わせにもよります。文字でいうとポップ文字です。

安いだけが自慢のスーパーのポップは、黄色地にポップ文字で書かれているイメージがあります。太い赤文字もチープなイメージがあります。

このように、経営者が意識していなくても、利用者に不快な思いをさせるイメージがあると、リピーターが年々少なくなるだけでなく、新規客が訪れる可能性がきわめて低い状態となります。

3　経営者は中から見る。お客様は外から見る。だから経営者にお客の気持ちがわからない

売れない食堂のご主人は、いつもカウンターの中から店を見渡します。

「どうして売れないんだろう?」

売れないのは、メニューが少ないからだと考え、常連の高齢者向け、若者向け、子ども向けのそれぞれのメニューを年々増やしていきます。多数の種類の食材を揃えておくために、ロスが大量に出るようになりました。でも、子ども連れや若いサラリーマン客は増えません。女性客も来ません。

「高いから売れないのだろうか?」

材料の高騰があっても、消費税が上がっても、30年間も値段を据え置いています。高いからと、ライスのおかわり、味噌汁のおかわりを無料にしました。開店当時は35%だった原価率も、今では60%を超えています。

「うーん、どんなに工夫してもお客が増えない。限界なのか?」

限界ではありません。見る場所が違うんです。

経営者であるご主人は、厨房の中からお店を見渡します。ですが、お客様は外から来ます。新規

客が入らない理由は、外にしかないのです。

味を知らない新規客が、安心して入れる外観がありますか？　厨房で腕組みしていないで、お客さんが来る方向からお店を見てください。外に出て、遠くに立って、改めて自分の店舗を見てください。

古びた外観、壊れた看板、汚れて所々破れた暖簾、油のついたサッシの入口扉、枯れ草だらけの植木鉢、出前の自転車にかけられたボロボロのカバー等々。

メニューも値段も外には出ていません。誰が経営しているか、どんなお客さんが利用しているかもわからない外観は、新規客が入れるお店じゃないでしょう？

汚い厨房から見る店内は、厨房よりは綺麗でしょうが、ファミリーレストランと比べると明らかに汚いのです。

「おいおい、ファミレスと比べるなよ」と言いたげですが、ファミレスは、映画の世界じゃありません。実際に同じお客様を奪い合うライバルです。

ホコリだらけの戦後から立ち上がった世代の人たちには、多少の汚れは気にならないかもしれませんが、現代の子ども、若者、特に女性は、汚いことに耐えられません。

客席に置かれたお孫さんのランドセル。帳場には伝票や通知が束のようにあります。それらがすべてお客様の目に触れるようなところにあるから、安くなくては売れない店なのです。

お客様には、たとえランチでも日常を忘れさせるのです。非日常。清潔で、整理整頓されていて、目線に何の生活感も入らない――こういう非日常の室内環境が、付加価値の高い意識を持たせるのです。

厨房の中で、自分の目線で、自分のセンスで考えていないで、外に出て、お客様の身になって、お客様の目線で考えてみましょう。

お客様の価値観がわかれば、その価値観に沿って自分の事業を改善していくのです。しっかりと掴んでいれば、必ず結果が出ます。

経営者目線なら売れなくて当たり前。でも、手段はたくさんあります。魅力もたくさんつけられます。味も技術も確実。魅力の表現が足りなかっただけなんです。

既に魅力のある事業では、さらにお客様を引き寄せる術がありません。伸ばすのは至難の業です。が、魅力のない事業に魅力をつけると、新しいお客様がどっと押し寄せます。

落ち込む必要はありません。手つかずのダイヤモンドの原石です。しっかりと磨けば、綺麗に輝きますから…。今からでも遅くないのです。

4　失敗する店づくりと広告戦略

私たちから見る店づくりの失敗は、「お客様ありき」の考え方です。どうやってお客様を入れ込むかという課題は、本来はゼロベースから考えなければならないのに、およそ失敗する店は、その店の広さや席数、同業他社の平均売上高などから簡単に売上予測をしてしまいます。もっと悪いのは、経営者が月に百万円欲しいから売上は３００万円というように、何ら根拠もない売上額を「何も考えずに」簡単に決めてしまう事実です。10事業が創業して5年後に残るのが2事業といわれるのは、この「安易な売上予測」が原因です。

今の中国経済のように、きわめて需要が高かった昭和中期なら、事業規模からある程度の売上は予測できました。しかし、デフレを経て、供給過多の競争経済といわれる今日で、売上を確保することは、きわめて重要な戦略なのです。

事業の盛衰の分かれ目は、規模ではなくてセンスです。何らかの魅力を持つ事業だけが生き残るのです。失敗する経営者が一番お金を掛けるのは、機材や素材です。飲食店であれば厨房について、工務店に言われるままつくる、必要以上に高価な素材を使うといったことです。高価なものは素材であり、お客様の目につく色や形はいたって普通、日常的なのです。

経営者は店の中にいるという喩えの骨頂です。お客様の家からお店までの動線を何も考えていませんから、当然、客数は予想を大きく下回るしかありません。

お客様は、外から来るのです。外から来るためには、まずその店を知る必要があります。したがって、新規に事業を開く場合、一番気にするところは認知度です。

スタート時に認知があれば、開店直後からお客様が来ます。お客様をジワジワ増やすとか、口コミで広げるとかいうのは、理想ですが滅多にないことです。それに、ジワジワなんて時間をかけていたら、運転資金が見る見るなくなっていきます。

考え方は、経営者が店の中から考える反対を考えるのです。お客様は、外から来ます。しかも、来るには、「知っている」状態になければなりません。つまり、一番お金をかけて効果の出るところは、広告なのです。しかも、よい広告を出すことです。ターゲットの趣向やコンセプトに沿った上質なデザイン、ハートを掴むコピーなど、クリエイティブツールが上質であればあるほど、事業に興味を持つ潜在的顧客層が増えます。

クリエイティブツールとは、ポスティングするチラシや手配りするフライヤーなど（ティッシュなどいりません。そんなモノがなければ買わない人は、お客様の対象ではありません）、ホームページ、雑誌・地方紙へのＰＲ掲載です。予算があれば、ラジオやテレビへの露出など、手法は様々ですが、それぞれ予算のいることです。

タダで取材される以外広告はしないと言って生き残っている事業は一割もありません。広告にお金をかけて運転資金を少なく済ますか、広告にお金をかけず運転資金を使いまくるか、どちらもかかる費用は同じです。

筆者ならば、広告戦略を使い、スタートダッシュをかけ、いち早く損益分岐を越して、事業を安定させるほうを選びます。

起業やリニューアルを成功に導く鍵は、お客様の動向を中心に考えた事業環境を構築すること。そしてその自信ある事業を胸を張って広告することです。事業環境だけだと、知られなければ終わりですし、広告だけで事業環境が整っていないのもよい評価が得られません。

店づくりと広告こそ、お客様に利用される事業をつくる重要なポイントです。

5　売上の計算式を知る

売上は、偶然もたらされるものではありません。計算式があり、しっかりと理解すれば、コントロールもできます。

普通の経営指導者は、図表2のような計算式（売上＝客単価×客数）を持っています。

【図表２　売上の計算式】

客単価や客数は、およそ集計結果であり、それ自体をイジることはあまり考えられませんが、売上アップの要点はこの客単価と客数のコントロールにあります。

結果からいうと、客単価も客数も、お客様が偶発的にもたらした受動的な結果ではなく、経営者が意識して、能動的に高めることができるものなのです。

簡単な話、客単価を倍に上げ、客数を倍にすれば、売上は4倍になります。売上アップの基本は、単純明快な数のコントロールです。

事業魅力係数

客単価とは、「偶発的な結果＝掴めない数字」ではなく、お客様がつけたお店の点数のようなものです。点数が高ければ客単価が上がり、低ければ客単価が下がります。つまり、お店の魅力です。魅力により、その係数が変わるのです。これを「事業魅力係数」と定義します。

魅力の中には、「新しい」「きれい」「清潔感」「快適さ」など、誰もが感じる基本的な要素に加えて、「歴史伝統を感じる」「非日常性がある」「特異性がある」「希少さがある」「デザインセンスがよい」など、ブランド性に関連する要素も強く存在します。

逆を言えば、「荒く古い」「汚い」「不潔感」「不快感」「未来も歴史も感じない」「日常的風景」「個性がない」「平均的」「デザインセンスが悪い」などはマイナス点となり、客単価の悪い事業によく見られる要素です。

これらの「事業魅力係数」が高ければ、同じ商品でも高い値段で売れ、低ければ安くないと売れません。

例① ブランドショップ

例えば、銀座の高級ブランドのお店に入ると、白と黒だけの異空間に驚き、黒い棚の背後から間接照明に浮かび上がる黒い商品。値札には数十万と記されています。名の通ったブランドネーム、非日常の売場、モデルのようなスタッフ。当然のように高い買い物をする他の客。付加価値を高くし、客単価が高い事業の見本です。

高級ブランド店まで究極的なブランディングをしなくても、客単価を上げる要素は様々あります。

例② 団体旅行

例えば、「非日常性」。皆さんが行く団体旅行がそうです。日常から離れ、普段触れることのできない場所を訪ね、抱いていた興味や関心を満たすのです。飛騨高山の合掌造りの家々が並ぶ風景、日常ではあり得ない広い湖の静まり返った水面。海辺の道や山間を通り抜ける鉄道も異空間であり、非日常性をかきたてます。

反対に、安いバス旅行などに行くと、頻繁にロードサイドの土産物店や高級名物店に寄らされます。旅行会社が安い企画を立てるために、業者と利益に関する協定を交わしているからです。団体が店内に入ると、物凄い「買って買ってアピール」を受けて、多くの旅行客はうんざりします。気の弱い人は、沢山買わされてしまいます。せっかく旅行代を安く上げても、人間性の悪い部分を見せられ不快感が湧きます。

つまり、旅行のコンセプトに合った店での購買であれば、魅力を維持したまま、買え買えと言われなくても高い買い物をします。価値を感じるからです。

例③　お酒を呑む場所

男性陣に喩えれば、安いスナックと高級クラブの差です。安いスナックには干からびたママさんかムサいマスターがいるだけで、床は汚く、壁紙も古く、所々修理な必要な状態です。ほとんど安い常連客しか来ません。が、高級クラブには、綺麗な女性がいて、店内もテーブルもグラスも綺麗です。この魅力係数にお財布の紐が緩んでしまうんです。この非日常性は、常連客ばかりか、多くの新規客も呼びます。

事業にとってお客様が感じる魅力とは大きな力なのです。

事業の劣化状態

客単価を構成するもう1つの要素は、事業の劣化状態です。

建物はもちろん、情報、商品、スタッフの新しさも客単価に影響します。逆を言えば、経年からくるデザインの古さ、損傷、染み付いた汚れ、匂いなど、毎日いるスタッフだと見落としてしまう日々わずかずつ下がっていく事業の魅力劣化です。日々にはわずかずつでも、1年では大きな劣化になっています。

こちらは単純で、劣化幅が大きければマイナスですが、修繕すれば元に戻ります。

その他の要素としては、事業規模係数や立地係数などがありますが、説明は省きます。

認知活動係数

次に客数です。単に客数としていますが、この中には性格が全く異なる2つの種類があります。リピーターと新規客です。

近年、売上が少なくなっている事業の多くは、「リピーター」が主な顧客です。顧客年齢層が高くなり、体が不自由で店に来られなくなるというリピーター。他の新規店に乗り換えてしまったリピーター。自分の抱えていた「お得意様」が、泡のように消えていく状態です。

このケースで客数を減らしている事業のほとんどの経営者は、「昭和の時代の考え方」を引きずっています。需要ありきの考え方です。お店を開いただけでお客様が訪れ、商品を置いたそばから売れていくという「本来なら非常識な時代」を「当たり前」と思い込んでしまっている世代です。

共通するのは、広告宣伝を捨て金だと思っていること、商品さえよければ売れると思っていること、いつも店の中のことばかり考えてお客様が見る店の外に頭が回らないこと、生活と事業が混同してしまっていること、などです。

リピーターだけを対象顧客にすると、どうしても売上は減少します。したがって、事業は、新規客を取り込む仕組みを持たなければなりません。

新規客を取り込む仕組みとは、どういうことでしょうか。入口から入ってくる、見たことのない客が新規客だと端的に考えてはなりません。新規客が店に来るまでの経緯を考えてください。

新規客は、次の過程を経て店に入るのです。
①　事業を知る↓商品やサービス、広告のセンスに興味がなければ来店しない。
②　事業を調べる↓インターネットなどの情報が少ないと来店しない。
③　実際に来て店の前に立つ↓外観が悪い、価格が明示されていないと来店しない。
この店に入る前の３段階それぞれで、来ようと思った人、思わない人がいます。1，０００人が広告を見たとして、１割が興味を持てば、１００人が何らかの形で調べます。インターネットを見て、その1割が次へ進めば10人。店の前に立って気に入らない人が半分いたとすれば、1，０００人が広告を見ても、最終的に店に入った人は5人になります。

ですが、広告の力を上げて、２割が見て、２割が興味を持ち、店の外観を見て9割の人が入店してくれれば、36人が店内に至ります。この差は7倍。売上もそれに準じます。

広告は、出せばよいのではありません。ホームページもそう、あればよいのではありません。戦略として考え、優れた企画・デザインで魅力が一杯で出す広告と、魅力のない広告、どちらが人を引き寄せるかは、当然わかりますよね。でも、これがなかなかできないのです。

売上予測

事業改革や起業における売上予測は、次のように行います。

■月の売上限界値＝自らの1日の上限稼働×営業日数（サービスの場合）……1日上限稼働までの売上を確保する根拠がない

↓1日上限稼働×営業日数×事業魅力度係数（0・1〜1）×認知活動係数（0・1〜2）×成長劣化係数（0・1〜1）

■月の売上＝理想の月商÷営業日数＝1日の売上（販売の場合）……理想から出しているから本当にそうなる確立はきわめて低い

↓同地域の同業者の売上×事業規模係数×立地係数×事業魅力度係数×認知活動係数×成長劣化係数

■月の売上＝座席数×平均客単価×1日回転数（飲食店・塾・映画館等の席あり事業）

↓座席数×平均客単価×1日回転数×事業魅力度係数×認知活動係数×成長劣化係数

※各係数の定義

●事業魅力係数（ブランド・付加価値）＝事業魅力係数とは、お客様が感じる魅力の大きさをいいます。ブランド力や付加価値もこの部類に入ります。

事業のデザイン性、外部からの印象、内部環境、非日常性、商品の魅力、スタッフの魅力等……魅力がない↓０・１～０・９、普通（対比と同等）↓１、魅力がある↓１・１～２

●認知活動係数＝認知活動係数とは、事業が発信する情報の大きさとクオリティーをいいます。投資したお金の大きさではなく、広告宣伝の力を表します。

広告種類係数×規模（何人に対して）係数×情報の魅力係数……０・５～１・３

・何もしていない場合＝０・５×０・５×０・５＝０・１２５

・最大＝１・３の３乗＝２・１９７

●成長劣化係数＝成長劣化係数とは、事業環境の成長劣化を数値で表したものです。よい事業展開を目論み、順当に事業成績が上がる場合は成長係数。事業が成長するアクションを起こしていない場合は、劣化係数となる。

・成長係数＝毎月１・０１～１・１０

・劣化係数＝毎月０・９９～０・８０

さらに、わかりやすくいえば、デザインとかコピーとかコンセプトとかの秀逸さで、その商品の価格が上下するということです。

同じ「みかん」を売るにしても、味わいや趣向が一切感じられない「粗末」な売場の、床にじか置きした「プラスチックのかご」の中に潰れそうに入れられた「みかん」と、古民家風の外観に暖簾がかかり、中に入ると珪藻土の土壁と墨渋に塗られた黒色の柱や障子建具が暖かい「趣きのある」

売場の、趣きのある商品棚の上に置かれた「焼き印の押されたオリジナルの木箱」に大切に並べられた「みかん」、いったい何倍の値がつきますでしょうか。

1個100円とすると、前者では高いと思うし、後者では安いと思います。粗悪な売り方は50円でも高いし、ていねいな売り方なら200円でも売れます。想像だけでも4倍以上の値がつくのです。

付加価値が低いものは安くなければ購買されず、付加価値が高いものは利益を充分載せても売れるという事実です。

このように、デザインやイメージの質や方向性でコントロールできるのが、付加価値です。これは、お客様が実際に感じる価値です。この付加価値を上手く使うことが、今の事業に必要なことなのです。大手企業はみなこの付加価値を上手くコントロールしています。

新規客を促す認知に関係する魅力も、デザインやイメージの質や方向性でコントロールできます。高級なものを売るチラシは、厚めの紙を使います。もちろん、上質なデザインが伴っての話です。

事業や商品・サービスの種類によって戦略は様々ですが、基本的な数式は同じです。つまり、事業の付加価値と新規客数をコントロールすること。それが売上アップの原点であり、筆者たちが言わんとする「魅力の操作（アトラクティブ・コントロール）」なのです。

第3章　改善の最初は
まず「売れる環境づくり」から

「ホームページがある事業とない事業で差は出ますか」という問いかけには、答えられません。わからないのではなく、質問が悪いので、的確な答えが出ないのです。

ホームページがないと、ウェブ上では新規取引の機会が存在せず、事業名で検索されようと、業種のキーワードで検索されようと、インターネットからの受注・予約ということは、まずないでしょう。

次に、デザイン・印象がよく、コンテンツ（情報内容）が的確なホームページがあれば、事業名で検索されようと、業種のキーワードで検索されようと、ウェブ上から仕事が入って来ます。

これと対局に、ホームページはあるが、デザインや印象が悪ければ、仕事に繋がりにくくなります。また、デザインはよくてもコンテンツが悪いという場合も同じです。

本章で説明する「売れる環境づくり」とは、あればよいのではなく、どうあるかという点で大きく結果が変わるという事実です。また、それらのイメージに統一性を持たせることで、相乗効果が働いて、さらに結果がよくなるということも意識してお読みください。

1　認知広告・事業印象・事業外観が新規客を増やすポイント

認知広告

情報化時代といわれる現代。昔とどう変わっているのでしょうか。数値でいうと、個人が得る情報量は、20年前の４００倍になっているといわれています。

今から約20年前は、日本にインターネットが上陸した年です。当初は、電話回線にモデム接続してアナログ音で通信していたため、ホームページのトップを表すにも相当の時間がかかっていました。そのときから今の情報時代は、想像できませんでした。

通信速度でいえば3万倍以上、通信端末もパソコンだけでなく、スマートフォン、タブレットなどに多様化し、より身近になっています。近い将来に、ウェアラブルという身につける端末が普及し、生活と情報がより一体化するとされています。

伝達手段も、インターネットを介したホームページ等のコンテンツ、ＳＮＳ、ラインなどの情報交換アプリ、メール、テレビ電話、音楽や画像等のファイル交換など、未来の物語に出ていた環境が次々に具現化しています。

このように多様化した情報手段の中で、広告手段もまた変化しています。

情報化以前のスタンダードといえば、ＤＭ、折込みチラシ、新聞等の紙面広告、地域地図や電話帳の広告、集合看板、ロードサイドやビルの上の塔屋などに掲げる大型屋外看板、駅の看板やバス・電車の吊しなどの交通広告、テレビ・ラジオのＣＭ、手配りのミニチラシ（フライヤー）、ティッシュなどでした。

現代は、それにプラスして、検索に応じた広告を表示するリスティング広告、地域・年齢層などを限定したＳＮＳ広告、メールによるアプローチ広告（メルマガも含む）、ホームページの所々に

☆☆Shop
入荷しました。
20%
NEW!
NEW
NEW!
NEW!!

設けられた広告枠への掲載（音声動画での広告も可）、YouTubeなどの人気動画への広告等々、情報を駆使した広告カテゴリは無尽蔵に増えています。

広告フィールド全体の進化により、情報ツールだけでなく、アナログツールにも変化が起きています。名刺は、文字情報を伝えるだけでなく、様々にデザインして、事業のイメージ、コンセプトを伝えるツールになっています。封筒も、イベントや新商品などの情報を印刷し、単なる郵便の袋から、チラシのような役割を持つようになっています。これらは、小ロット（オンデマンド）印刷技術の普及や、デザインワークの重要視化などの進化がもたらした変化です。

店舗を持たない営業中心の企業間取引事業も、営業ツールの善し悪しで営業結果に差が出るようになってきました。

過去のように、「あればよい」傾向から、オリジナル性、独自性を表現し、新規客の獲得、新規顧客カテゴリーへの進出が求められています。

ホームページ、パンフレットも、一通りつくればよいのではありません。一般消費者向け、企業間向け、行政向けでそのデザインや主張すべきことも変わります。企業・行政にクライアントがありパンフレットが必要な場合、両者を兼ねて主張がぼやけるよりも、それぞれ専用につくったほうが効果的です。

以前の広告手段を紹介しましたが、その中には、現在ではほとんど役に立たない広告手段もあります。かつて電話番号を探すたびに利用していた電話帳も、今ではネットで社名を検索すれば出てきます。細かい住所情報が欲しい場合も、地域地図を見ずに、路面写真まで閲覧できるＷＥＢ上のマップを利用します。ティッシュ広告もかなり減りましたが、積極的にティッシュを貰う人がターゲットにならないと気づいたようです。

広告は、このくらいにしておきます。次は、事業印象です。

事業印象

小規模事業経営者は、それほど意識しないかもしれませんが、対象顧客が抱く事業イメージ・事業印象はとても重要です。

例えば、1，０００人の新規ターゲット候補がいるとします。無造作ではなく、事業が提供する商品・サービスを利用するであろうターゲット設定で絞り込んだ候補客です。事業とは、まだ何の接触もありません。

そして、その中には、自分の事業を既に知っている人、知らない人がいます。

知っている人が３００人いたとして、その中には、よい印象を持っている人、悪い印象を持っている人、そのどちらでもない人がいます。

ちょうど3分の1ずつと仮定すれば、新規客有力候補は、１００人しかいません。悪い印象を持っている１００人を好印象に覆すには、どちらでもない１００人に確実で前向きな関心を持ってもらうには、そして、未だ知らない７００人を合わせた計９００人によい事業印象を抱いてもらうための何らかの戦略・アクションを起こさなければ、１，０００人獲得とはいきません。

そのアクションが、前述したよい印象での広告戦略なのです。

事業が上手く印象づけられると、細かい調査を必要としない、顧客が感じる信頼感に繋がります。事業印象が悪いとマイナス、特になければプラスマイナスゼロ、よければ事業成績に反映します。積極的に認知を取りにかかる場合は、どうしてもこの事業印象が評価されます。

事業印象を構成するものは、利用者の口コミだけではありません。ロゴ・キャッチコピーや宣伝・販売促進ツールのデザイン、お店の場所や関係者の人柄・スタンスなど、あらゆるものがその要素になります。

もちろん、前述した広告宣伝のスタイル・デザインもダイレクトに事業印象を植えつけます。しかも、ターゲットは、ヒトカラゲではありません。老若男女、性格も好みも様々です。

例えば、広報ツールに物語を入れ、読んでもらいます。その物語の中に、事業の本質・理念・方向性・経営者の人柄等、好印象に伝わることを、小説風とか、漫画でとか、好き嫌いなく読んでもらえる形で提供します。読む人が半数としても、多くの人に、事業の本質、真面目さを訴えられます。

この戦略は、先の統一地方選挙で実践しました。

１人区２候補で臨む県議会議員選挙。相手は、前職、イケメンで女性の支持が強烈に強い候補です。投票３か月前の時点で、大きな差をつけられていました。

相手がイケメンとはいえ、こちらもそこそこのイケメンです。が、上には上の相手候補です。様々な角度で選挙用の写真を撮影しましたが、イケメン印象の写真は撮れませんでした。

パソコンで写真データをチェックしていると、それぞれインパクトの強い2種類のポーズを見つけました。

1枚は、ネクタイを結んでいるところですが、下から仰ぐように撮ったため、ネクタイを外してイザ戦いに的な頼もしい写真。

もう1枚は、撮影を終えて選挙事務所に戻り、日々の疲れからついうたた寝をした候補の全身写真。中年のおばさんなら、キュンとする可愛い寝顔でした。

相手候補が格好よい写真ばかりを使うのに対峙して、こちらはより親しみやすい、真面目な性格が届くような写真を意図的に活用しました。

厳しい選挙に臨む姿勢、日々の活動を日記風に書き、うたた寝の写真を大きく掲載したリーフレットを作成し、選挙区住民の倍する枚数を毎日配りました。

イケメン大王には、イケメン勝負しても勝ち目がありません。しかし、政治は、ホストクラブではありません。人柄が政治活動を生むのです。

投票1か月前には、巷の評判で五分五分まで持ち込むと、本来なら中立であるための市長が相手方につき、選挙期間中もピッタリとくっついて街頭演説を繰り返しました。相手方も必死でした。

選挙戦略もめまぐるしく変わる状況の中で、フレキシブルに変化して相手の出鼻を押さえました。

もちろん、勝利しました。当初のイメージ戦略が大きく戦況を位置づけたのです。

これも事業印象戦略の一部です。そして、次は、外観イメージです。

事業の外観イメージ

事業の外観イメージは、およそ消費の有無を決定づけるといっても過言でない、大きなファクターです。

新規客候補者が1人、広告を見て事業を知り、情報を詳しく収集し、行くことを決断し、晴れて店の前まで来られました。お客様は外から来ます。外の印象は、大きな扉の閉まる門のようです。これを開ける勇気は、お客様が抱く興味の強さからもたらされます。

印象・イメージとは、そういう大きな力を持っています。

事業がイメージを武器として備えることは、近い将来、当然のアクションとなります。

余談

ここで1つ余談です。注意すべきこと。今は、情報化の過渡期、目的や手段は、時代や人の流れでフレキシブルに変化します。あまり変化を必要としなかった昭和の経営者は、現代の急激な変化に弱いのです。

以前は、5か年計画という言葉をよく聞きました。1度決めた計画は、曲げずに実行して、次に計画を決めるまでの5年間は、我武者羅に突き進んでいました。

今、そんなことをしていたら、確実に時間を無駄にします。計画の基礎となるマーケットは、普遍ではありません。絶えず進化し変化しています。そのマーケット上で行動するわれわれの行動計画も、マーケットの変化に合わせてフレキシブルであるべきなのです。コンセプトは変える必要はありませんが、行動・歩みは土台に併せていかなければ転びまくります。土台ありきの上モノですから……。

2 店内印象・接客・商品クオリティ、ブランディングが客単価を上げるポイント

お店の外観が新規客数に影響することは、理解いただけたでしょうか。では、内装は、何に影響しますか。そうです。客単価です。

レジ周り商品とかゴールデンプレイスとか、そういう嫌らしい戦略ではなく、お客様が商品やサービスに飽くなき興味を持ち、能動的に商品を探したくなる環境をつくること、そして、できる限り、いい気持ちでお買い物をしてもらうことが、客単価を上げるポイントです。

まず、店内印象です。主に専門業的な印象、時代的情緒、異国的情緒等をいかに出すかがポイントです。

寿司屋さんの場合、白木のカウンター、ネタ箱、清潔感、木の香り（殺菌効果がある）などが理想です。もともとは屋台商売ですが、当時の寿司屋を忠実に再現すると、現在の高級感は維持でき

ません。寿司屋が最も深かった形を提供することで、価値が高まります。あまりに静かすぎるのなら、軽いジャズやクラッシクなどのＢＧＭが邪魔をしなくてよいでしょう。日本食だからといって、演歌とか民謡とかは、音が主役になってイメージを壊します。

蕎麦屋さんの場合、飛騨高山の茅葺きの古民家の内部に寄せるとよいです。土間、土壁、黒い柱や梁、白い障子、暖色の照明。メニューも木製の表紙と和紙、囲炉裏のイブカしさがあるとさらに情緒があります。

コンセプトから考えれば、御所宮中の色使い、江戸城内の色使い、茅葺き古民家の色使いも印象に残ります。

洋服店であれば、取扱いジャンルに寄せた異国の雰囲気を出すのがよいです。店内の壁も、普通のクロスではなく、アメリカ西海岸を思わせるような白い横目の板壁を貼ったり、そのイメージが出るクロスを貼るのもよいです。商品棚や洋服掛けも、既成品を使わずに、木で手づくりするのもよいです。素人ぽさではなく、あくまで異国情緒です。アメカジなら、天井に空調扇を回すのもイメージが深まります。

商品の並べ方、パッケージのあり方、それぞれにセンスのよい店のこだわりやオリジナル性を出せれば、プラス要因になります。商品の紹介にオリジナルポスターをつくるのも手です。メーカーのポスターでデザインセンスがよい物なら使えますが、大方は価値を下げます。

ポスターや値札に、名前や値段だけでなく、商品の説明、イチオシ情報などを入れてあげると、商品にストーリー性が生まれ、付加価値が上がります。

そして、接客。買って買ってという距離の近い接客は、高齢者以外には嫌われます。かといって、放っておきすぎてもチャンスを失います。ちょうどよい距離、楽しいコミュニケーション、スタッフの技量が試されるところです。

よい人材を求めることが重要ですし、さらなる教育も必須です。そのためには、賃金も考慮しなければなりません。何事もコストパフォーマンスが重要なのです。

もちろん、常に綺麗に保ちます。見逃しがちな日々の劣化には、定期的な交換や洗浄を心がけましょう。匂いもそうです。匂いは、常に居る人には気がつきにくいものです。嫌な匂いを排除し、よい香りを心がけましょう。香りの専門家に依頼するのも賢い解決策です。

このような行動を継続していると、付加価値が高まり、事業への信頼感が高まります。この状態をブランディングといいます。

ブランドとは、ターゲット顧客による評価です。したがって、自らが名乗ることはありません。自らブランドという事業に、本物のブランドはありません。それはタダのセンスのない遊びに過ぎません。

付加価値やブランドがついた事業は、有利な事業展開が可能です。何よりも粗利益が増えます。これは、実際に、事業改革支援で実現していることです。

事業改革と同時に粗利益を増やし、以前より高い価格で販売するとどうなるでしょう。多くの経

¥500
¥800

営者が、お客様が減ると、不安になります。しかし、その逆です。付加価値の高い事業には、付加価値を受け入れられるお客様がつきます。しっかりと知らしめれば、以前より多くのお客様になります。客数が増えて、客単価が上がります。これが売上アップの理想形です。

3 「何かすごいもの」非日常（観光・異次元・異体験・妄想・時代）

事業の短所を排除し、長所を表に出すことが売上アップの基本ですが、普通の魅力の寿命は長くはありません。せいぜい3年から5年です。その間に初期投資を稼ぐのですが、魅力が落ちたら利益が出にくくなります。そうなるとまた改造するのですが、それでは改造するために仕事をするようなもので、いつまでたっても利益が得られません。

センスやスタイルは、優秀なデザイナーがいれば叶いますが、それだけでは利益を積み上げるまでにはいきません。片手落ちです。

ここで出てくるのが、プランナーです。企画です。事業を長持ちさせる企画。それを考え出すのが、プランナーです。

横浜のお好み焼き屋さんは、最後に改造して6年が過ぎています。基本的な初期の改造からは、12年経過しました。店内の主な企画装飾は、12年前のままです。

この場合は、関東人が考えた大阪弁での言葉づくりです。和紙に筆で手書きして、劣化を防ぐた

めにパウチして、店内の壁に貼っています。50枚ほどありますが、全部違うものです。まさに12年前に貼り付けたまま、未だに効力を失いません。

オリジナルであること、非日常性があること、そして、技術の高いデザインがあることです。これが、お客様を飽きさせず、12年間利益を提供し続けている核です。

この核を「何かすごいもの」と呼びます。非日常性の具現化です。

4　事業デザインについて

新しい時代です。しかし、古い考えのままで、あらゆる経営指導が繰り返されています。したがって、筆者は、本書で新しい考え方をお伝えしています。

需要過多で顧客主義の必要がなかった日本のマーケット。それが、供給過多となった今、本当の顧客主義を実践しなければ事業は生き抜けません。ただ、少し考え方を変えればいいのです。

新しいルールを学びました。顧客の動線から事業をつくり直すのです。何かすごいものも備えました。事業は上向きます。

この事業を常に新しく見せるのが、デザインです。デザインがよければ、すべてのアクションがさらに上向きます。ターボエンジンのようです。よいデザインのほうがよい結果出るからです。

ここで少し、デザインについて紹介します。

結論からいうと、デザインは、アートではありません。芸術は、究極の個性表現です。日本には多くのアーティストがいますが、それだけで生活できる人はほんのわずかです。

このアートを商業デザインの世界に持ち込まれると、また時代の逆戻りになります。自己満足の世界だからです。経営者満足と同類で、顧客満足ではありません。

偶然、事業にマッチしたアートデザインがあっても、やがては飽きが来ます。そこに付加価値は、わずかしかありません。

大事なのは、デザインの前のコンセプトです。事業の現在環境をどのような理想の環境に変えるのか、その設計図です。

また、その設計図を正しく描くためには、現在の事業の弱点や長所を正しく把握する能力が必要です。この知識、考え方、能力を持ったデザイナーがいるでしょうか。

筆者達は、この能力を備えたデザイナーを育成したいと思います。そのためには、筆者の経営論をメジャーにする必要があります。デザインの力や使い方を知らない事業コンサルティングは、あり得ません。

魅力が売上を生むのです。

売上さえあれば、継続した事業はたくさんあります。売上さえあれば、商店街も継続しました。

事業承継も問題なく行われます。

事業デザインを正しく使うこと－日本経済の復興には欠かせないファクターです。

5　立地や商店街の話

20年前は田んぼだらけの海老名駅周辺が、今では大型商業施設に囲まれた好立地地帯になりました。風景が変わり、立地も変わるのです。普遍ではありません。

地方では、多くの商店街がシャッター通りになっています。立地の悪い事業の多くも撤退しています。30年前は、何の問題もなく繁栄していた店舗事業が、今では消えゆく対象になっています。

これには、一般家庭の変化も影響しています。当時の平均的な家庭には、自家用車があっても主婦の免許取得率は少なかったので、買い物は近くの商店街を利用していました。したがって、駅から遠くても、住宅街には商店街がありました。

今では、ほとんどの主婦が、車を運転します。買い物は、徒歩や自転車から車になり、移動距離は飛躍的に伸びました。近くの商店街には駐車場がなく、逆に使い勝手が悪くなりました。

20年早くこのことに気づき、的確な環境改革が実行できていれば、商店街は今も繁栄していたでしょう。魅力による売上のコントロールもそうですが、マイナス面をいち早く見つけて対処していれば、ここまで悲惨なマーケットにはならなかったでしょう。

商店街を例に取ります。

まず、大型ショッピングセンターができた時点で、駐車場の課題を片づけるべきでした。もんじゃ焼きで有名な月島商店街は、メイン通りの両側の道路に駐車場を集中させています。

土地の問題が立ちはだかったなら、郊外に移動するという選択肢もありました。大型ショッピングセンターが郊外で成功した姿を見たら、同じように大規模で、いくつかの商店街を集積して一大郊外型商店街をつくればよかったのです。現代のアウトレットみたいなものです。

思い切り、ふん切りが悪かった、その結果が今の状態です。

今からでも遅くありません。駐車場を備え、全天候型で、家賃の安い大型集積商店街をつくるべきです。町のあちこちで人気のあるお店を集めて、個人事業の未来を示すのです。

大きな資金がかかり、公平さを保つのも難しいです。ですが、やり始めなければ改善できません。やらなければ、小規模事業者のマーケットは、益々縮小してしまいます。

今の不景気は、昭和の時代の経営者の責任ではありません。明らかに国策の失敗です。バブルを産んでしまったこと、ひどい破綻をさせたこと、パラダイムシフトが経済に与える影響を軽んじたこと、日本の魅力に気づかなかったこと、小規模事業に正しい指導を怠ったこと。これだけ問題があれば、スマートにこなすのは無理です。その結果が、８００万事業所が３６０万事業所に激減し、しかも残った３６０万事業所のうちの半数以上が瀕死の状態である事実です。

起業セミナーを開くと、多くの受講者は、立地を軽んじています。周囲の講師も実際に重く見ません。ですが、事業の生死、特に店舗事業において立地は、大きな、重い条件です。

このままでいくと、小規模事業は消滅してしまいます。そうなると、少数の支配者と圧倒的大多数の労働者の構造になります。まるで資本主義が生む共産主義経済のようです。

自由がなく、チャンスがなく、生産力は落ちます。日本は、先進国から転落し、経済後進国になります。この20年、まさに転落し続けています。逆転しなければなりません。

東京や一部の建設業界では、東京オリンピックの建設景気が訪れています。多くの人は、オリンピック以後の心配をします。貿易赤字、国家財政の破綻、再び訪れるデフレ。そう考えていたら本当にそうなるでしょう。

ですが、多分違います。オリンピック景気は、日本にとってそれほど影響はありません。1ドル360円の時代ではないのですから。

日本は、これから成長します。オリンピックは、除外します。何より、海外に出ていた生産業が日本に戻ってきて、再び世界と争います。

アジアの後進国であった中国、ベトナム、インド、シンガポールなど、急激な経済成長で生活水準が上がり、以前のような人件費の圧倒的な違いが埋まりつつあるからです。

日本の商品や文化の魅力が世界に知られて、観光客が増え、日本の生産物が高付加価値で輸出されます。

ＩＴによる情報のボーダレス化が、本当の日本の魅力を正しく世界に伝えたからです。

日本は、世界から好かれています。真面目な人柄、治安のよさ。これらは、昭和の時代の平和と豊かさから得られたものです。この維持は、今のような経済では叶えられません。再び、豊かになることが重要です。そのためには、国民一人ひとりのやる気が必要です。

第4章　改善実施　儲かる仕組みづくり

1　儲かる仕組み①　適正価格への修正

適正価格とは、その事業を継続するために必要な利益を得るための1要素です。お客様は、余計な出費をしたくないですし、事業者側は、損をしたくないので、そのせめぎあいの結果が価格なのです。

安ければ売れると思っている事業者が多いですが、お客様は、決して安物買いをしようとしているのではありません。無駄なもの、価値を感じないものにお金を出したくないのが本音です。したがって、事業環境や商品・サービスが、お客様が感じ得る「価値」を上回る価格が示されると、「高い」という不快を感じます。反対に、想定した価格を下回ると、お客様は得だと感じます。

一方、事業者側は、それを過度に意識しているフシがあります。過度に意識し過ぎると利益率の悪い状態になります。安くし過ぎて、売っても売っても儲からないのです。デフレの今は、特に、「価格が安過ぎる」傾向があります。

大変難しいところです。

この場で、「何」が「いくら」と、それぞれの商品の適正価格を答えることはできません。業種も、商品・サービスも、星の数ほどあります。したがって、適正価格への修正方法をお伝えします。

例えば、飲食店の場合、５００円の一品料理の材料費が２５０円かかっていたとします。原価率は50％です。これを35％にするには、材料費を１７５円に抑えるか、価格を７５０円に改定するかです。

どちらも実現が大変ですので、一番よいのはその間を取ることです。

価格改定と量の変更を同時に行います。価格を６００円にして、さらに量を16％減らして原価を２１０円にすれば、原価率は35％に抑えられます。

さらに、量のバリエーションも提案します。16％減ったので、以前の量のものを大盛りとかＬサイズとかにして、メニューに追加して、こちらは７１５円にします。

しかし、ただ価格と量のコントロールをしただけでは、口うるさいリピーターから文句が出ます。そこで、何らかのイベントを値上げのきっかけにします。

消費税の改正のタイミングも、ある意味イベントです。最もスマートなのは、店舗改装・リニューアルです。小さいイベントでは、季節によるメニューの一新など、少し時間と労力のかかるイベントをきっかけにすると、受け入れやすいです。

これでもリピーターからは文句が出ます。しかし、そのようなお客様をいつまでも抱えているから、お店が儲からないことに気づいてください。

適正価格とは、適正な事業が提供する価格です。悪い常連客との縁を切り、適正なお客様にシフトすることも、適正価格を叶えるためには必要不可欠なアクションです。

大丈夫。勇気はいりますが、必ずできることですから…。

経営者が安売りをしてしまう根底的な要因は、長く継続したデフレーションです。安売り至上主義の時代を経て、事業の利益率は益々悪くなってきています。

例えば、定食屋さん。経営者は、売れない理由を「高いから?」と悩んでいます。消費税が上がろうが、食材が値上げしようが、バブル以前からの値段を上げられません。上げた途端に常連客が消えてしまうかも？　と思っているからです。

前述したように、飲食の原価率は、粉物（そば・うどん・ラーメン・たこ焼き・お好み焼き等）を除けば35％以内が理想です。銀座の高級和食屋さんなら、原価は20％以内でしょうか。それだけの粗利益を確保しなければ、地代家賃、水道光熱費、人件費、広告費など、経営を維持する経費が賄えないのです。

10年以上経営している地方の平均的な定食屋さんの原価率は、40％を超えています。悪い例では65％などという例もあります。儲かるどころか、毎月赤字になります。

お客様に安い食事を提供するために、今までの蓄えを削り、年金を充当して、何とか経営を続けています。ここまで来ると事業とは呼べません。ボランティアです。

自分の資産を投じて食事難民に施しているのです。事業という括りを外せば、人道的に敬意を評しますが、事業経営者としては見本になりません。

いつまで、赤字を出し続けられるのでしょうか。蓄えにも限界があります。経費もなければ、新規客が来られるような環境を提供できません。お店に悪いお客様とは縁を切り、お店が欲しいお客様が来やすい店づくりを始めましょう。

悪いリピーターは、新しいお客様を見つけると、「誰だ?」という目で遠慮なく見ます。新規客は、それだけで悪い印象を抱きます。店内では、経営者の友人のように振る舞います。ガラの悪いスタッフだと思われて、これもマイナスです。原価率の悪い儲からない事業所には、そのような悪い常連客が多くいます。

事業とは、弱い消費者を保護する場所ではありません。そういうのは、行政に任せましょう。本来、利益を出して、税金を国に納め、雇用を産み、人材を育成する、社会の安定に貢献する—素晴らしい行動なのです。

奉仕しているつもりで利益のない経営を続けると、国は赤字になり、社会保障は保てず、失業者が増え、保護するだけで人を育てることができず、事業を営むこと自体が社会の不安定要素を構成していることになるのです。自己満足に過ぎません。

事業改善が必要な事業者に共通することは、売上減少の原因が「新規客を取り込めない」というところに尽きます。

新規客が入らないのに、悪いとわかっていても常連客を切れない。値上げができない、というのが本音です。

大丈夫です。新規客は来ます。新規客が来る環境は、しっかりとつくれます。新規客の話の前に、もう少し付加価値の話を続けます。

2　儲かる仕組み②　商品・サービスの魅力

既成品や認知されたサービスには、定価とは言い切れないまでも、消費者が意識するおよその価格帯があります。例えば、ほうれん草なら150円前後、ビール普通缶なら200円前後、税理士関与報酬であれば月額3万円前後…。

何の魅力の説明もなく、その価格を上回ると「高い」というイメージが生まれます。普通の商品サービスは、お客様の潜在意識にある予想価格を上回ると「高い」という印象になり、とたんに売れにくくなります。「高い」というハードルも、消費者側の生活ランクの違いもありますから、一概には言えません。

普通という言葉に注目します。普通の商品・サービス。これに対峙するものは、普通じゃないもの、つまり、非日常な商品・サービスです。例えば、エビスビールがそうです。プレミアムなビールとして、通常のビールよりも高くても売れます。スーパーなどでは、普通缶で10円程度の差ですが、飲食店に行くと100円もの差がついています。それでも注文される付加価値が、エビスビールに存在しているということです。贅沢をするという非日常性です。

例えば、金色のラベルがそうです。それだけでプレミアム感があります。東京の恵比寿で醸造していたブランドという付加価値もあります。正直、味は素人がわかるほどの差はありませんが、エビスビールを飲む人は、ある種の高級感、選ばれた人という選民意識、自己満足な恍惚感を感じているのです。高い車が売れるのと同じ欲望からくる作用です。別に悪い欲望ではありません。この欲望が文化を前へ進めているのですから。

このようにエビスビールは、他のビールよりも高く売れる商品です（もっとも、仕入もそれなりに高いですが…）。

それでは、エビスビールを他の店よりも高く売るには、どうしたらよいでしょう？

「飲食店で飲むと」というフレーズを思い出してください。一概に飲食店といいましたが、エビスビールを飲める飲食店には様々な業種があり、それぞれで売値も違います。

４００ml程度の中ジョッキがあるとします。少し品のよい居酒屋で６５０円程度ですが、高級寿司店で飲むと８００円以上でも納得します。高級ホテルのラウンジなら、３００mlのタンブラーで１杯１．２００円でも受け入れます。

もちろん、どこも仕入価格は同じです。高級店だと高く仕入れなければならないなどということはありません。よい環境なら高くても受け入れる。ならば、できる限りよい環境のお店をつくることです。

飲食店でなくとも同様です。安さが売りのスーパーで売られているのは２００円前後ですが、品質を重要視する高級スーパーで買うと２３０円前後はします。

同じ商品でも、付加価値の低い売場では安く、付加価値を追求している売場では高く売れます。

付加価値を追求すれば維持費などの経費があがりますが、高く売れれば当然粗利益が高くなり、その分有利な経営が叶います。

もう気づいた方がいるかもしれませんね。そうです。商品の価格は、売場の環境で変化するのです。健全な利益を求めるためには、売場を綺麗に維持することです。もっと付加価値を求めるなら、非日常という異空間を演出することです。ただし、異空間過ぎると引かれますから注意してください。

プラス、演出方法です。簡単な演出方法は、その商品の価値を知らせることです。

消費者は、商品の価値をあまり知りません。聞いてもほとんど忘れます。その商品を並べるとき、広く場所が取れれば説明パネルをつけて、パネルを置くような場所がなくとも、値札等に簡単な説明を入れるだけで、消費者が感じる価値はそれなりに上がります。ですが、センスの悪いパネルや説明は逆効果をもたらします。

ネーミングも魅力を訴求できます。筆者が名づけた居酒屋のメニュー名に、「桜えびと桜えびと桜えびとジャコと桜えびのしんじょ」という長い名前があります。まず、目につきます。そして、名前を読むと、そのメニューの長所が伝わります。桜えびが沢山入った「しんじょ」です。お客様の記憶に残り、酔って舌が回らなくなればなるほど注文したくなるネームです。

商品の姿もそうです。オリジナル商品なら、パッケージデザインが大きく魅力を訴えます。

贈られた人が価値を感じるような見た目なら、中身にかかわらず贈答用として買われることも多くあります。貰った人がその場では開けませんので、外見がモノをいうケースです。

ケースバイケース、ＴＰＯを考慮して創り出されたデザインや魅力をかぶせると、それ自体が働き者の商品・サービスになるのです。

多くの人は、無意識のうちに魅力にコントロールされます。よい気分になることを誰もが求めています。デザインや非日常性で日々の疲れを忘れさせ、物語の主人公にさせる演出が、多くの人の心をつかむのです。

購買は、それ自体がストレスを発散させるものです。同じく、美術や芸術を愛でるように、綺麗なものも好きなのです。センスのよい非日常とデザインが伴う消費は、気分のよい行動として人に価値を感じさせます。それは、偶発的でなく、意図して創造できるものなのです。

3　儲かる仕組み③　スタッフの魅力

商品・サービスが売れる・利用されるには、商品・サービスの品質はもちろんですが、その周囲の環境や出会いのプロセスのクオリティに大きく影響されることは理解いただけましたでしょうか。

その環境の一部として重要なのが、「スタッフの魅力」です。

コンビニに入ると、最近はイチオシ商品をスタッフが紹介します。人が来たら大きな声でしゃべるルールになっているようです。

「ただいま揚げたての唐揚げが人気です。いかがでしょうかぁ～」－正直、気持ちが悪いです。お客様の顔を見ながら言うわけでもなく、品出しをしながら、カウンター内で作業をしながら急に声がけをします。でも、コンビニ業界では、よしとされています。

レジ会計のときに1万円札を出すと、「1万円からお預かりします」とか言いますが、預けたのは1万円さんではなく、私です。本来は、「1万円、お預かりします」が正解です。

最後には、「大きいほう、、1、2、3，０００円と10円、レシートのお返しです」となります。お金はお返しだけど、レシートはお返しではなく受領書だろうが、と突っ込みたくなります。

マニュアルに頼り過ぎると、誰でもできる＝誰も秀でない事業所になります。FCを真似る個人事業者もいますが、同じようなことをしてはもったいないです。小規模事業でなければできないフレキシブルなスタッフ戦略をすべきです。

例えば、高級クラブには、美人ばかりがいます。美人ではない人がいると、売上に悪く影響します。これは、スタッフの外観の魅力です。

これを応用して、ガソリンスタンドのサービススタッフにきれいな娘ばかりを揃えると、明確に売上が上がります。セルフとのリッター10円の差ぐらいなら、こっちのほうがと思う男性が多いからです。

スーパーでイケメンばかりを店員にすれば、奥様消費者の客単価も上がり、クレームも少なくなるはずです。イケメンの前で、嫌な女は演じたくありませんからね。買い物客が増えれば、スーパー自体の環境付加価値も認められたということで、少しずつ粗利益を上げても、売上は下がりません。
まぁ、場所や周辺環境にもよりますが…。誰か試してみませんか。

問題は、人件費効率です。安い人件費で美人やイケメンは集まりません。したがって、通常より高い人件費での募集が必要になります。時給を20％高くして、その差額分を上回る純利益が得られれば、戦略として成り立ちます。

スタッフの魅力は、その外観もありますが、内面のよさもよい価値を創造します。言葉遣い、優しさ、よく気がつくという印象は、立派な付加価値です。顧客とのコミュニケーションが多い病院、宿泊施設、アミューズメント施設、修理事業、教育事業などは、外観より内面がよい価値を与えます。

当然ながら、見た目や性格だけでなく、スタッフの衣装も大事な価値要因です。よい印象を与え、記憶に快く残すスタッフの服装やしぐさは、強い武器です。

ホテルスタッフなどの規律高い制服は、その事業のブランド・伝統をイメージづけますし、病院などの看護師の制服は、清潔感・専門性からくる安心感を与えます。

場違いなイメージはいけませんが、利用者の目的にあったスタッフのスマートなイメージは、事業の価値づくりの重要なファクターとなり、リピーターをつくる大きな要因でもあります。

今から40年ほど前、バブルが始まる15年以上前の昭和50年前後。オイルショックが去り、高度成長が景気を押し上げていた頃を思い出します。

中学生だった筆者は、友達と繁華街の外れにあるジーンズ店に入りました。３坪程度の小さな店です。30歳ぐらいのフォークソングが好きそうな経営者さんと、もう少し若い彼女と思われる女性スタッフの2人の店です。

お兄さん的な経営者は、中学生の筆者たちにいろんな話を聞かせてくれます。ジーンズの起源、ワークシャツのこと、カウボーイブーツのこと…。夢に見るアメリカの若者のファッションやライフスタイルを、まるで映画を見るように楽しく聞かせてくれます。その横で彼女は、ジーンズの裾上げ用のミシンを動かしています。

今ではどうでしょう。ジーンズを買うときに、店員さんとそんな話をするでしょうか。大手の服飾販売ショップでは、購入する商品のサイズやスタイルなどの必要最小限の言葉しか交わしません。情報を得るのは、もっぱらテレビCMや広告の一方通行です。質問もできません。

ジーンズばかりではありません。時計屋さんで時計のウンチクを聞き、靴屋さんでブランド靴のウンチクを聞きました。スポーツショップでテニスの最先端ファッションやラケットの機能を学び、サーフショップで最新のスケートボード情報を仕入れました。

筆者の時代は、一般人が商品の価値を教えてもらう機会がたくさんありました。これは、立派なコミュニケーションです。このコミュニケーションが、人々に付加価値を教え、購買意欲をかきたて、経済全体を押し上げた要因だったのではないでしょうか。

今、思います。よい商品が売れないのは、多くの消費者がモノの価値を知らないからではないでしょうか。実際、商品の価値を知る機会は、趣味以外は大変に少ないと思います。

ませ〜
いらっしゃいませ!!

小さな事業所が大企業に勝るとすれば、そのコミュニケーションにヒントがあるような気がします。マニュアルではできないもの。小さな事業所だからできること。

4　儲かる仕組み④　絶対必要な認知・広報戦略　だってこれがスタートの合図

健全な粗利益を設定して、商品・サービスの魅力、売場環境の魅力も改善しました。スタッフも入れ替えて、さあ、売上が上がるかと思いきや、思うように上がりません。なぜでしょうか。今までと同じお客様が来ているからです。しかも、以前より高いと感じているので、売上が上がるどころか、下がる場合もあります。

新しい健全な環境は、その価値をよしとする客層でなければ利用されません。せっかくの価値を新しいお客様は知りません。なぜなら知らせていないからです。

インターネット、スマートフォン、お客様が情報を得る手段は、近年もの凄い勢いで増えています。その中から、取捨選択をします。

新聞折込みのチラシを喩えに取りましょう。

チラシを撒いたのに何の反響もない、という相談を受けたことがあります。

筆者　「どの範囲に、何枚撒きましたか」

相談者　「店の周囲、半径3キロ圏内に5，000枚配布しました」

筆者　「それには何かの特典がありましたか。特売とか、プレゼントとか」
相談者「いいえ、単なるオープンチラシです」
筆者　「何回撒きましたか」
相談者「はい。何回って…、１回だけです」
筆者　「オープンで目玉商品やプレゼントを出さなかったのはなぜですか」
相談者「安物買いのお客様より価値のわかるお客様に利用されていないので…。やっぱり何らかのプライズをつけないのがいけなかったんでしょうか」
筆者　「価値をわかるお客様をという姿勢はよいと思います。ですが、チラシ１度だけという箇単なる広告では、お客様は来ませんね。特に価値を感じる方は…」

この場合の間違いは、経営者がマーケットを軽く見ていることに尽きます。

新聞折込みがどのくらいのカバー率があるかはわかりませんが、たった1度しか配らないチラシは、一体どのくらいの確率で見られるのでしょうか。そして、そのチラシに、経営者の言う価値が明確に訴求されているのでしょうか。

チラシを見させていただきました。商品がずらりと並べられています。確かに、価値がわかる人には、訴求する商品です。価格も手頃で興味はそそります。

ですが、まず紙が薄いこと。薄い紙は、安売りの印象があります。したがって、安売り好きな人はしっかりとこのチラシを読んだはずですが、ターゲットハズレで利用されません。それは、経営者の思惑どおりです。安いものを追いかけない人は、平日のチラシはあまり見ません。土日の休日に、ゆっくりと見ます。安いチラシ＝薄いチラシは飛ばして、厚みのある価値訴求をするチラシのほうが読まれます。

次に、デザインが悪いこと。デザインの悪さは、事業の悪さという印象を植えつけます。特に、センスが重要な、付加価値のある事業ならなおさらです。

相談者は、理解しました。しかし、それだけではありません。回数が必要なのです。

利用者が事業を知り、お店に行くまでのプロセスを語れる人は、いますでしょうか。車に乗って、道路を走って、お店の駐車場に入れて、いえいえ、そういうプロセスではありません。

まず、ターゲット客は、何らかの方法で事業を知ります。その方法の1つが、チラシだとしましょう。1度の閲覧ですぐに行く人は稀です。通常は、気に留めるだけです。したがって、1回だけチラシを撒いてもお客様は来ません。

2回、3回と配布された広告を見て、しかも毎回見るわけではありませんが、何度か見ていくうちに、センスや嗜好が合えばですが、お店に行くことを考えるようになります。

考えるようになったからといって、車に乗りません。まずは、インターネットで、そのお店の情報を拾います。グーグル・マップなどで位置を確認し、その他の情報も仕入れます。口コミや評判があれば、それも見ます。

そして、何かのきっかけ、ついでの用事があって、初めてお店を訪れるのです。お客様からすれ

NEW

ば、いつ来ても構わないのです。その店の存在を知って1年後に初めて行くなどという人はザラなのです。

早く来て欲しければ、頻度を上げることです。多くの新規客が訪れ、それぞれの評価が広がり始めれば、初期段階の広告戦略は実を結びます。

ターゲット客がチラシを見てからお店を訪れるまでの、この行動の間に、マイナス点がなければ来客に繋がります。

広告は、チラシやインターネットホームページばかりではありません。DM、地域情報紙への広告掲載やタイアップ記事掲載、幹線道路沿いのビルボード（屋外広告）、駅やバスなどの公共交通の広告、街頭で配るフライヤー、お店のレジにおいて気に入ったお客様が友達に渡してくれるショップカードも広告ツールです。ITの世界でいえば、人気ポータルサイトへの広告掲載、地域を限定したSNS広告や検索キーワード広告など、最近は予算に応じてフレキシブルな広告が可能になっています。

注意すべきことは、その広告手段の向こう側に、アクティブなターゲット客が存在しなければ無駄になるということです。

広告代理店などの専門家に聞いたり、自分でやるにしても何度もトライして、事業にマッチした広告手段を見つけることをおすすめします。

5　儲かる仕組み⑤　顧客との相互情報交換で成長のスパイラルをつくる

悩む経営者は、思い込みが強いです。しかし、およそ外れています。外れているから、課題が解決されずに、悩み続けるのです。

事業の成否は、顧客の思いや動向を掴むことにあります。そのために必要なことは、一方的な情報発信ではなく、クライアントターゲットの「今の声を聞く仕組み」、前述しましたが顧客とのコミュニケーションです。

一番の手段は、利用者との会話です。会話の箇所箇所から顧客ニーズや事業の改良点を探ります。そのためには、上手な話し手が必要です。が、ここは話し方教室ではありませんので、会話技術は他の本で勉強してください。

事業を成長させる最も優れた行動は、ＰＤＣＡです。Plan、Do、Check、Action です。Plan は、計画のことです。事業計画です。Do は、その計画を実行すること。ここまでは、過半数が理解しています。では、Check は、何でしょう。そう、調べることです。計画どおりにことが運んだかを検証するのです。検証すると上手く運ばなかった事柄が明確化されます。これが事業の課題です。計画どおりに実行できなかった要因ですね。では、最後の Action とは、何でしょう。直訳すると「行動」です。

Doとどこが違うのでしょうか。多くの方は、ここで間違います。ここでのActionは、計画を是正する行為をいいます。

もう1度述べます。PDCAとは、計画して、実行して、検証して是正することです。でも、続きがあります。PDCAは、1巡では終わりません。事業が継続する限り、繰り返します。計画して、実行して、検証して、課題を是正する行動を取り、それを反映した計画を作成します。そして、実行して、検証して、是正し、また計画します、。

これを成長のスパイラルと言います。

この成長のスパイラルの中に、お客様とのコミュニケーションを通じた是正を常に行う仕組みをつくり上げ、自己満足でなく、顧客主義の事業成長を目指してください。

事業の失敗の多くは、経営者主義から来ます。経営者の好きな色、好きなロゴ、好きなキャッチコピー、経営者に都合のよい立地、経営者の好みで集めたスタッフ、経営者の趣味で選ぶ商品・サービス…。絶対に失敗するパターンですね。

顧客が好む色、愛されるロゴ、興味を持たれるキャッチコピー、顧客が利用しやすい立地、顧客に適したスタッフ、顧客の嗜好で選ぶ商品・サービスが必要なのです。

両者の間で、売上にどれだけの差が出るでしょうか。

事業は、経営者のために存在するものではありません。お客様の需要により存在するのです。経営者を中心につくられた事業は弱く、顧客を真ん中に置いて築き上げられる事業は強いです。

そのことを念頭に置いて、顧客とのコミュニケーションを大切に活用し、成長のスパイラルを実行する仕組みを築きあげましょう。

余談になるかもしれませんが、ユダヤの格言を1つ。

「愚かな人は、自分が知っていることを話す。賢い人は、自分が何を話しているか知っている」

愚かな人は、自分が知っていることを話します。それが相手にどんな思いを抱かせ、どういう結果を招くかなんて知らずに話します。話すことが気持ちいいからです。

賢い人は、自分の話していることが、相手にどんな影響を及ぼすかを測りながら話します。そのためには、話の内容を変え、あえて虚偽を伝えて、伝わる情報の作用をコントロールすることもあります。相手に情報の正否を伝えることが目的ではないからです。相手を思うように動かすためだからです。

ユダヤ人のコミュニケーションは、明確な事業戦略なのです。あやかりますか。

6　儲かる仕組み⑥　目指すは売上限界値

日本人は、変なところで消極的というか慎ましいというか、「売上は求めない。忙しくなってしまうとお客さんに迷惑がかかるから」などと平気で言う経営者がいます。

売れない言い訳なんだと、もしくは努力したくない、働きたくない思いの言い換えなんだと思います。尊敬できる言葉ではありません。売れなくて潰れてしまうほうが、お客さんに迷惑です。それとも、消えても誰も困らない事業なのでしょうか。それならば、とっとと消えるべきです。必要がありませんから。

売れて、お客様が増えて、店先に並ばれたら困るんでしょうか。お店にはキャパがありますから、それ以上は対応できません。それでいいのです。遅く並んだ人には、売切れ御免でいいんです。そういう状況が継続して、それでもお客様が後を切らないなら、その事業は大きな需要を得ているのです。とても優位な状況です。

ロスは出ないし、効率的だし、利益が出て、スタッフを増やせて、自分が特に無理をするわけでもないですし。現況でも満足しがちですが、まだ限界値ではありません。

この需要が大きいとき、多くの人は席数を増やしたり、もう1店舗つくったりします。それも行動の一方向性です。

しかし、筆者がすすめるのは、付加価値の向上です。多くの方が並ぶその店、その規模のまま、価格を徐々に上げます。季節のメニュー改定ごとに利益率を増やし、付加価値を高めます。

お客様が気づかない程度に徐々に上げていけば、需要を高く維持できます。得た利益増は、さらなる付加価値向上のために使います。トイレを綺麗にしたり、入口周りを粋な雰囲気にしたり、徐々に非日常の方向へ進んでいきます。

正しく付加価値を上げれば、お客様は減るどころか増えていきます。予約で数か月先まで埋まる

わたくしは、
成長します!!
成長!!

こともあるでしょう。お客様に付加価値を認めていただき、その高い付加価値のままで需要を継続できれば、ブランディングが育ったという証拠です。

目的は、高くあるべきです。高い目的を掲げ、日々努力をすれば、それなりの結果がもたらされますし、いつの日か、手の届かなかった目標にも届くようになるからです。

事業を営んでいれば、売上の限界値は求めるべきです。欲を出すわけではありません。自分の事業のスペック（性能）を知るためです。それを知らないということは、訳のわからない車を運転しているようなものです。そのうち事故を起こします。

店を増やすのは、この強いブランドができてからのほうが安全です。賢く賢く、事業を拡大していくのです。付加価値のないＦＣがこだわる店の数や総売上ではありません。それぞれが高い需要で支えられているということ、1店も漏らすことなく高い営業利益を維持しているということ、そういう事業展開を目指したいものです。

言い訳をせず、自らを卑下せず、高い志を持って事業を育みましょう。経営者のためではありません。地域経済のためによい歯車になるのです。

そういう強い志を持って、しっかりとしたスタート地点についてください。広告という上質なシューズを穿いてください。立地という最高のポジションに着いてください。あなたの長所を最大限に発揮できる事業環境というスポーツウェアをまとってください。

すべての準備が整ったら、力強く未来に駈け出してください。

第5章　成長する事業の条件

1 広告を含む販売促進は捨て金ではない。投資は必ず回収する！ 強い意思を持つ

バブル崩壊後、多くの広告代理店、デザイン会社が姿を消しました。テレビのＣＭを見ても、常連企業が目立ちます。お笑い芸人ばかりが出演する番組制作予算の厳しさを感じてしまうほど、ＣＭ費用がかなり安く設定されている感も否めません。テレビという媒体に以前ほどコストをかけられない状態、それだけ広告宣伝のマーケットが縮小したということです。

売上が下がれば経費削減をしなければならず、その第一に据えられたのが広告宣伝です。しかし、広告予算を削った事業は悲惨です。古さが目立ち、日焼けしてコントラストが落ちた看板、修正をかけられない色あせたパンフレット、積極的な認知戦略もできず、利用者は減る一方で、売上は下がるだけです。

売上が下がれば、経費が圧迫しますから、さらに経費削減をします。節電して人件費を削ります。事業所は、薄暗く活気がありません。少ないスタッフでそれ以上の仕事をこなさなければならず、掃除もままなりません。入口のマットやガラス窓の汚れが目立ってきます。

さらに、売上が下がります。雑巾を絞るような経費削減で、サービスクオリティーや事業印象が更に下がります。お客様は、敏感に察知して、徐々に減っていきます。小さく、小さく、圧縮されて、遂には事業自体が消滅してしまいます。

大量に出血したら輸血をするように、売上減少に対抗するなら―売上アップしかないのです。しかも、赤字という環境下で広告宣伝費を使うのですから、費用対効果を無視してはできません。多くの経営者は、この段階で観念します。

何故なら「広告は捨て金だ」と思っているからです。

昭和の時代は、圧倒的な需要があって、宣伝しようがしまいが売上は上がっていきました。当時、宣伝広告は、贅沢ができる会社の誇りのようなものでした。利益が沢山出ているから広告が出せる―それは、さらなる利益を追求したものではありませんでした。

今は違います。巷の情報は、昭和の時代の４００倍。チョット広告を出したくらいで新規のお客さんは現れません。「チョット広告をしてもダメだから、何してもダメだ」と諦めてしまいます。チョット広告では目立たないのです。昭和の時代の４００分の1の訴求力しかないのです。マーケットを知らない経営者が、無作為に広告を打って当たる時代ではありません。

また、早急に広告を出すのもいけません。兵の装備も強さも確かめずに戦に行くようなものです。顧客に喜ばれる商品・サービスを明確にして、できるならさらに魅力的に改善して、その長所を強くアピールする広告を出すのです。

広告の種類も以前と違います。経営されている業種によっても手法が変わります。共通して備えるべきは、ホームページです。チラシで知っても、ＤＭで知っても、まずホームページで確かめる時代です。それが魅力のないホームページだったら、そこで終わりです。せっかくの

損しない
広告って??

広告効果をホームページが損なうのです。

他の章でも紹介していますが、事業を精査して、最も合う基本デザインを構築し、商品サービスの長所を明確に捉え、ターゲットを絞り込んで広告をすれば、必ず効果が出るはずです。

広告は、単発でなく、繰り返してこそ効果が生まれます。すぐに効果が出なくとも、挫けずに効果が出る広告を探りましょう。

新規客が入る環境を構築する。それができなければ、事業は縮小し続けて消滅してしまうのです。強い意思を持って、自社に合った広告戦略を構築しましょう。

2　小さな店でもブランドを目指す

重複しますが、ブランドって何でしょうか。巷では、ブランドを勘違いしている指導者がとても多いです。例えば、地方の商工団体では、盛んにブランド認定を行っています。全部が全部ではありませんが、粗悪なものでも地域の力関係などで認定されてしまうこともあります。

筆者も以前、ある町の商工会からブランド認定委員に指名され、その席上で「ブランドは自ら称するものではない」と声を大にして意見しました。結果、外されました…。

ブランドとは、大きな付加価値がある商品・サービス、もしくは事業体です。付加価値とは、商品の絶対価値に上載せする「お客様が感じる価値」です。

お客様が認めてくれるものですから、繰り返しますが自らが称するものではありません。自らは、いつかお客様がブランドとしてお認めいただけるように、商品・サービスや事業体を育成するのです。

おわかりでしょうか。ブランドとは、著者流に和訳すると「お客様に認めてもらう」ことです。事業そのものも、商品サービスもそうです。様々な欠点を背中に隠して、「自称」するものではありません。

ブランドを早期に育成するには、ちょっとしたポイントがあります。

品質・素材

温泉饅頭は、アンコを甘くすれば日持ちします。しかし、甘過ぎては、品がありません。甘さを控えると、日持ちせずにロスが出て、土産物商品としては適さなくなります。それでも、最高の味・状態でお客様に提供するのがコダワリ。それを貫く未来に、ブランドとして重宝される日が来るのです。

売場環境

およそのブランドには、店舗が必要です。シャネルも吉兆も店舗があります。ブランドと呼ばれる事業の売場は、共通して綺麗です。他の言い方をすれば、非日常に溢れています。遊びがあります。黒くて、何も置かれていない床。広い通路。商品の陳列にも「ゆとり」が見えます。贅沢な空間に贅沢な陳列。そこにある商品には、贅沢という付加価値がつきます。

対して、ブランドのない売場環境とは、ぎゅうぎゅうツメツメの空間です。通路も狭く、人がすれ違うのがやっとです。こういう空間では、高いものは売れません。「安くあるはず」という印象がついてまわりますので、安さを期待するお客様が訪れます。少しでも高いと売れません。

このように、空間がお客様を選び、価値をコントロールします。売上を上げるには、空間を上手に使いましょう。

立地環境

パリや京都に本店があれば、地域ブランドも伴って、付加価値がつきやすい環境です。したがって、場所がない無店舗販売は、不利になります。東京に企業の本社が集中するのも、信頼と共に場所のブランドが関係しています。自然環境を売りにする場合、北海道の牧場や離島などという環境も、商品と併せて納得する地域であれば有効に働きます。

多くのお客様の目に露出せず、埋もれてしまう現状

しかし、どんなにコダワッて、どんなによい物をつくっても、認知されなければお客様は来ません。利用してもらえません。買ってもらえません。売上も上がりません。「コダワリを持つこと＝

○○ストア

宣伝をしないこと」ではありません。そんな鉄則はありません。よい物を提供できるのなら、胸を張って広報して、どんどんお客様を呼びましょう。

片方ではブランドを育みながら、もう片方では抜かりのない広報を展開するのです。よい事業をつくる。よい商品サービスをつくる。そして、それをひとりでも多くのお客様に利用してもらい、喜んでもらうこと—それがブランディングです。

3　経営者のマインドと事業の大義名分

なぜ起業するのですか。生活を安定させる収入が欲しい（自己の都合）からでしょうか。社長になりたいとか、人に使われたくない（自己の欲求）からでしょうか。単純に会社を経営してみたい（自己の興味）からでしょうか。

これらは、自己都合の起業動機です。このような起業動機では、優秀な人材も集まりませんし、世の中の需要も得られないでしょう。

会社のオフィスに、「理念」とか「社是」とか掲げられているのを見たことがありますでしょうか。多くは、当り障りのないことが書かれています。

「われわれは、事業を通じて社会へ奉仕する信念を忘れず、お客様の満足を具現し、地域社会へ貢献する」などです。オリジナリティがないですね。どの会社にも当てはまります。

筆者の会社の理念は、「世の中は常識外れが変えていく」です。常識では考えられない発想が、世の中を前へ進めるという意味です。常識外れであれとスタッフに説いています。あくまで発想であって、態度・行動は常識をわきまえます。

つまり、事業が、「顧客に求められる要点」を明確に表現しています。

今の時代、事業は顧客満足を得なければなりませんが、日本の顧客満足はまだまだ形だけです。経営者の多くは、顧客満足という意味がわかりません。「お客さんが満足すればいいんだろう」的な感じです。

ＩＳＯ（企業の自主的な品質や環境の管理に対する国際評価機関）の指導書には、顧客満足が書かれている箇所があります。

① 顧客アンケートをとりましょう
② クレームを放置せず対処しましょう
③ アフターフォローをしましょう

この程度です。飲食店ＦＣのテーブルの隅にアンケート用紙と鉛筆が用意してあります。しかし、書いたことがありますか。設問も、もう少しマシなことが書けないのでしょうか。

クレームを放置しないのは、顧客満足ではなく、顧客不満足への対処に過ぎません。対処して当然のことです。むしろ、クレームが出ない体制を目指すべきです。

アフターフォローも当然です。そういう担当者を置かなければフォローができないのが、日本の企業の現状なのでしょうか。

ＩＳＯは、スイスに本部がある国際機関です。もしかしたら、原文はもっとマシなことが書かれているのかもしれませんが、日本の顧客満足に対する規格はこの程度です。

顧客満足とは、お客様を満足させるアクションであるはずなのに、「これだけやればよいだろう」という、経営陣の自己満足になっていませんでしょうか。

需要と供給のバランスといわれます。が、需要過多と供給過多、日本はこの30年、その両極端な環境に置かれています。どちらも行き過ぎると様々な間違いを起こします。

起業には大義名分が必要

「大義名分」とは、どういうことでしょうか。

秦帝国の末期、劉邦率いる漢軍が県庁を襲ったとき、劉邦は一文を書いて篭城する場内に投げ込みました。

「このまま篭城すれば城内の数千人が飢え死にする。皆を助けるために県知事の首を渡して、すみやかに開城してくれ」との内容です。これが大義名分の言葉の始まりです。

現代では、「行動を起こすに当たってその正当性を主張するための道理・根拠」として用いられます。

大義名分を今に当てはめると

①　利用者に利があることか

② 自分でなければ成せないことか（同業他社でも同じような満足を与えてしまうなら×）
③ この仕事が社会・地域に貢献するか

自分の事業がなくては困るという地域・社会の声や想いを需要といいます。その需要が事業を継続させる力になるのです。

また、これらの理由が思込みでないか、自分だけで納得していることではないか、という第三者評価も大切です。これを自己評価で行うと、自分で設問し、自分で解答し、自分で採点するから、およそ100点になってしまいます。自己採点は思い込みが多く、正確な指針にはなりません。

大義名分に即した事業は、ターゲットから必要だと思われます。＝維持される根拠が得られます。↓継続させてもらえるようになります。

その反対に、自己満足の事業では、ターゲットからのニーズが起こりません。↓事業展開に無理が生じます。↓継続できません。となります。

強い心＝志はあるか

経営というものは、なかなか順風満帆とはいきません。その理由の多くは、「計画の甘さ」に起因します。

「計画の甘さ」とは、例えば、次のようなことです。

・安いからといって立地が悪い店舗を借りた

・デザイン性の欠片もないチラシを配った
・自分が格好よいと思う店舗デザインにしたが、何の店か認知されない
・計画上の売上の根拠がなく、資金計画を賄う売上予測にしてしまった

本来、売上は、そのニーズと認知広報の力によって保たれますが、悪い例ですと、その力の理解も計算もされていません。広報を疎かにしても、売上が立つという「甘い考え」を持っているのです。

起業しても８割が廃業するといわれる。なぜか

リスクばかりを恐れ、最小限で起業する事業は失敗します。

経営者には、沢山の苦労があります。売上、顧客増、資金繰り、様々な誹謗中傷も正面から受けます。事業の顔として矢面に立つ以上、強くてかつ柔軟な気持ちや心がなければ耐えられません。

必要なのは、しっかりとした計画、根拠のある売上予測、事業の大義名分、そして経営者の「負けない志」です。

松下幸之助氏曰く

成功の反対は失敗ではない。諦めることである。諦めずにただひたすら進むところに成功への道がある。成功の要諦は成功するまで続けることにある。

経営者とは、諦めずに進む人をいうのです。、

4　成長への心構え

現在の事業環境

現代の企業環境は、独立して1年後に4割が廃業し、10年後には8割が廃業するといわれています（中小企業白書２００６年版）。大手民間調査機関のデータでも、10年後に３割、20年後には５割が廃業倒産すると発表していますが、これは調査会社がデータを取った会社の統計だけの数値です。他の民間発表によると、もっと厳しい数字が出ていて、起業生存率は5年で15％、10年で６・３％、20年で０・３％、30年では何と０・０２５％。つまり、１万社起業して、30年後には２、３社しか残らないという数字が出ているのです。

この状況をどう捉えるかで、事業経営に対する気持ちが変わります。

起業に関していえば、筆者の会社が支援した事業所はこの10年で90％以上、5年では95％以上が現在も盛業しています。かくいう弊社も現在創業20年です。一番厳しい数字でいえば、３００社分の1社に入っています（といっても、弊社の場合は、楽じゃありませんでしたけど…）。

この企業継続難の時代にいかに継続発展するか、それは、上手に起業または事業改革をして、いかにロケットスタートをするかです。ジワジワでなく、ダッシュです。いち早く安定路線に乗せることが肝心なのです。

ＰＤＣＡ

前述したように、ＰＤＣＡとは、計画・実行・反省・是正、そして、再計画、再実行、再反省、再是正、を永遠に繰り返すアクションです。

ここでは、主に事業の売上に関するセクションの成長を求めます。

昭和の頃のような5か年計画、3か年計画といった悠長なスパンはあり得ません。最低でも毎年、成長過渡期、もしくは成長が絶対に必要なときであれば、毎月回しても問題ありません。過渡期に必要なものはスピードです。自分の事業の成長に追いつくスピードが必要なのです。お客様は待ってくれませんから。

全体計画でなくても構いません。プロジェクト単位で充分です。広告だけでも、商品開発でも、そのプロジェクトがよりブラッシュアップされ、タイミングよく頼るべき事業要素となることを求めます。

注目すべきは、マーケットです。お客様の動向、嗜好です。したがって、ＰＤＣＡは、お客様の対応を見て、再計画へ進めなければなりません。広告も、商品開発も、人材育成もです。

ＳＷＯＴとか、何とか戦略とかはいりません。小規模事業では、上手く使いこなせません。それよりも、お客様のためにできることをして、お客様に知ってもらうことに専念すれば、売上は必ず上がります。勉強はそれからでもよいです。まずは、厳しさ・忙しさの中に身を置くことです。経営者が賢くなる最短の道です。

5 アファーメーション（挑戦するひとへの応援歌）

弊社には、アタカイズムという応援の言葉が200以上あります。20年の経営支援の中から生まれた言葉です。時間があればお読みください。

未熟であることを尊べ。まだまだ成長するということだ。

自らを大事にせよ。その場の雰囲気に流されず、自らを叱咤激励し、自らを育て、自らをコントロールし、自らの価値を高めるという意識が、ひいては自分を大切にすることとなる。自らの非や未熟さを認めず、自分を過保護にする者は、自らの成長を妨げていることであり、自らを大切にしていることにはならない。

後悔している暇があったら、落ち込まなくてもよいポジションに修正する作業を速やかに実行しろ。立ち直りの遅い人間は、それだけ時間を無駄にしている。

壁にぶち当たったときこそチャンスと心得よ。しっかりと乗り越えた者には、成長という報酬がある。避ければ成長もないし、また同じ壁で心を痛めることになる。

苦手なことは避けるな。確実に自分の得手にせよ。そのために人を巻き込んでもよい。苦手意識がなくなれば、巻き込まれた者も報われる。ただ、同じことで何度も人を巻き込んではならない。自分の得手にしようという信念がなければ、いつまでも悩みは消えない。

突き詰めて意味のないこだわりは捨てろ。そのこだわりは、君のものではない。人と同じことをして安心する烏合の衆には、何の創意工夫も存在しない。

自分の動きには、常に理由があることを意識しろ。理由のない動き、意識をしない動きは、単に時間を無駄にし、人生を自ら生きていないことになる。

自分の行動が周囲にどう影響するか考えろ。愚かな者は、その思考がないから周囲に迷惑をかける。自分の行動や話が本当に周囲の人々にとってよいことなのかの考察は、絶対に必要なのだ。

常に周りを見て最適な行動を心がけよ。社会は、自分を中心に回っているのではない。すべてその集団をなす人々の総意の方向に動くものだ。集団・チームの中の自分の動きをコントロールし、よい結果を導き出せる者が優秀なのである。

日常は、弱点克服の途上であり、長所を伸ばす道場である。

権利ばかりを主張する人間は卑しい。卑しい人間は、小銭を貯めることができるかもしれないが、人生という大きな舞台を失敗している。

粗暴・野蛮でも構わない。知るべき未来があるからだ。しかし、卑しさは、よい成長をしない。

感謝の念を持て。自分の喜びは、触れ合うすべての人々によってつくり出された類い稀なる物語なのである。

人生は迷うものなり。迷いて然も至らざるなり。世の終わらずが如し。

常識とは、常に変化するものである。世論はそのバロメーターである。したがって、評価されることを避けてはいけない。好評を得たことに舞い上がらず、その評価を冷静に分析し、さらにその先を考えられる者こそが創造人である。

人を大切にせよ。触れ合うすべての人は、自分の評価のスポークスマンである。人の噂話や評価をするとき、噂に上がる人間よりも、その噂を無責任に言いふらす人間、黙って噂を聞いている人間、さらに広めている人間が、その人格を評価される。

人を悪く言う人間には隙が多い。人をよく言う人間は世渡りが上手い。あせっている人はよく喋る。しかし、そこからは何も学べない。

出会う人すべてから学べる者が、この世で一番賢い。相手が子どもでも、未経験者でも、世にいう敗北者であっても、学ぶことは山ほどある。それをただ馬鹿だと評して、自らは何も向上しようとしない者は、やがてこの世から置いていかれることになる。なぜなら、世の中の進展は、常に新しい挑戦の繰り返しから成り立っているからだ。

世の中の事象、特に他の人から学ぶものは多い。人の振り見てわが振り直せという古語のとおり、自分の反省成長を促すことも他の人から学べるのである。

困った表情や恐い表情をしながら自分の意見を正当化しようとする人間は、自分や自分の言葉に自信がない。

その場の嘘や誇張で自分や自分の仕事を飾っても、長く付き合っているうちにやがてはすべてばれることと理解しなさい。ならば、最初から裸の自分を曝け出しなさい。自分の実力を正しく伝えれば、人の期待を裏切ることはないのだから。

世の中に「できる人間」以上に価値のあるものはない。

常に向上しようとする人には、他人を惹きつける魅力がある。次に会うときの楽しみを感じさせるからだ。反対に、凝り固まってしまっている人、会うと同じことばかりを言っている人は、何の魅力もない。

世の中のすべての人を説得しようとしても、それは無理な努力だ。世の中を変えるのに、実はそんなに人数はいらない。改革に必要なのは、人数よりも連鎖のシステムである。むしろ、変えられてしまった後の、人々の連鎖への順応性に驚かされることになる。

価値を創造する者は、価値基準を自らの考え・人生観・過去の情報・業界の常識などの既存の考え方から無作為に抽出してはならない。価値基準は生ものであり、常に変化するからだ。その時点での世の中の動向、人の流れていく方向から判断されるものであり、その方向には多くの人の賛同を得る裏づけがなくてはならない。

持ち物の値段でその人を判断するのは、卑しい人々の世界のことだ。あまりにも稚拙な行動である。どういう考えを持っているのか、正義はあるのか、社会にどう影響するのか、それはその人の言葉と表情からうかがい知ることができる。

どんなに飾ってみても無知は隠せないものだ。例えば、金は高い。それは資源として限りのあるものだからである。しかし、ルイビトンの製品には限りがない。限りのないものに対して定価以上の希少価値を感じている人間は、踊らされている人たちである。その人たちを悪いとは言わない。価値観が未熟なだけだから。が、創造人（クリエイター）が踊らされてはならない。どちらかといえば、躍らせる側に居なければいけない。

われわれがいかに時間をかけたかが価値に繁栄されてはいけない。その物が、クライアントに与えた（もしくは与えると予想される）利益から換算されるものだ。、価値は、常に変動する。だから買い急いではならない。変動するものには、極力心を動かさないことだ。

どんな物に何の価値を見出しても構わないが、私的価値観を他の人や請負の仕事に押しつけてはならない。

われわれは、服装や髪型で目立つ必要はない。むしろ、それで評価されてはたまらない。仕事の内容で実力を正しく評価されるために、印象を残すような目立つ外観は避けるべきである。

ファッションや外見にポリシー（主張）を持っていると言う人がいる。他人なら関係ない。でも、チームスタッフにそのような「薄い人間」はいらない。われわれのチームには、自分の内面や生き様にポリシーを抱いている「大きな人間」が必要なのである。外観で自分を護ろうとする者は、自分に自信がない。自信のない人間に人様の仕事はできない。

クライアントよりよい服装を身につけないように。外観にこだわりのある人からの依頼を失う恐れがあるからだ。すべての服飾は、クライアント以下でよい。われわれがお金を貰うところは、外観でなく、仕事内容や人材という内側の部分だからだ。

日本の動乱の歴史を読みなさい。そこには、日本人による経緯と結果、そしてその人の感情と手段が記されている。

ニュースや新聞を見て、経済の流れに驚いていては未熟である。それは、自分の予測の確認であるべきなのだ。

犯罪が増えると経済が弱る。強固な安定経済の裏側には、人間の倫理観が必要なのである。

よいものは上にあり、悪いものは下にある。人間は、その間に生まれる。上がるも下がるも、個人の責任である。

固定概念は、本当に厄介なものである。自分がこれを除外したとしても、パートナーが抱き続けていては何にもならない。パートナーの固定概念を外すために必要なのは、信頼関係と充実した会話である。

馬を見れば乗ることを考えるのが普通の人、食べることを考えるのは欲張りな人、背負うことまで考えるのは変わっている人。われわれは、普通の人が考え及ばないところで様々な手段を見出すことができる。だから、変わり者であって尊しとする。

価値観は、常に変わる。それは、成長するからだ。人間が成長するように、社会も地球も宇宙も成長している。だから、悟りの境地などあり得ないのだ。

成功とは、死後に評価されるものであり、億万長者になったからとか、何かの記録を打ち立てたからといって、生存中に評価されるものではない。なぜなら、死ぬまでにどんな失敗をやらかすか、誰にも予測できないからだ。だから、一時の成功に満足したり、安心したり、油断したりしてはならない。

一時の成功者を羨ましく思ったり、手当たり次第に真似ようとしてはならない。その人にはその人の手段や背景があり、われわれにはわれわれの成功価値観があるからだ。

儲けることが目標ではない。よりよい仕事をし、その成果として利益を得ることが目標である。

失敗は成功の母であるが、同じ失敗を繰り返すのはいけない。成長がないからだ。成長がなければ、目標へは到達しない。

失敗からは多くのことを学べるが、賛辞からは何も学べない。賛辞は心の外側、実績の部屋に仕舞っておくべきである。

成功のベクトルは、人間社会の需要の方向に沿っている。何故成功しないのか。成功は運ではない。闇雲に動いても得られない理由がある。その理由を分析し、成功への方法を段階的につくり出し、その作業をスケジュールに落とす（自分のノンフィクションとしてスタートさせる）ことから、真の成功への道が始まる。

成功したければ、時間を有効に使っている人間と付き合え。ただし、あなたに魅力がなければ付き合ってくれないだろうけど。

見栄・自尊心・世間体・羞恥心・私欲・我侭・愚痴……。成功に邪魔なものだ。自我を捨てるということは、自分を失うことではない。今よりも強い自分を得ることだ。

成功したかったら恐れずにチャレンジしなさい。そして、恐れずに評価されなさい。ちっぱけな自尊心など捨ててしまいなさい。成功は、成長しなければ得られない。今のまま、何も変わらずに成功できると思うな。

正しく、かつ強く望むこと。我武者羅に、かつ計画的に行動すること。目標は遂には実現される。

多くの人の利を尊重した目標こそ、実現されやすいものである。逆に、多くの人の反発を招く行為は長続きしない。

本当の成功者は、周囲だけでなく「見えないもの」への感謝の心を持ち、その存在理由を知っている。

スタート地点に立つときは、一切の迷いを捨てなさい。自分を信じ切りなさい。全身全霊を賭け、力強く蹴り出しなさい。そして、自分の一挙手一投足がターゲットに及ぼす効果を聞き漏らさぬよう、その音を自分の応援歌にして、さらに情熱を膨らませなさい。そのとき、君は、過去の君ではないことを自覚する。

正しく成功したければ、たくさん泣きなさい。たくさん笑いなさい。情緒豊かな人に悪人はいない。顔を見られ、心を読まれることを恐れてはいけない。読まれて困る心があることを反省しなさい。この先の世の中は、正しい人間が求められ、正しい方向に進むのだ。

（アタカプランニング株式会社　アタカイズムより抜粋）

後記

いかがでしたでしょうか。ご賛同いただけるものでしたでしょうか。

筆者は、クリエイターとしての立ち位置で、様々な事業の現場を見させていただき、それぞれの事業の特徴、クライアントターゲット、社長をはじめとする社員の思いなど、大変貴重な知識を積み上げさせていただいてきました。

こうすれば売上が上がるのにと、今まで飲み込んできた想いを、10年前から声に出すようにしました。最初の頃は、ほとんど聞いてもくれませんでした。景気が悪いといっても、まだ余裕があったからでしょう。５年後には、半分が話を聞いてくれるようになりました。実績もそこそこ溜まってきたし、景気が中々上がらずに、そろそろヤバイと思い始めたからでしょうか。

今は、経験も積み上げ、話を聞いてもらえる機会が増えました。本書を執筆したのも、セミナーで「本は出されていますか」と金融関係の方に聞かれたのがきっかけです。

今回、出版にこぎつけましたが、筆者は、これでやっとスタート地点に着けたのだと思っています。これをきっかけに、各地で沢山の経営者と出会えることを期待しています。そして、多くの人の失望を希望に変え、不安を期待に変え、日本経済の底辺を支える小規模事業の復興を成し遂げたいと思います。さらなるご協力のほど、心よりお願いいたします。

古河　拝

著者略歴

古河　正己（ふるかわ まさみ）

昭和36年生まれ。明治学院大学中退。

父の急逝に伴い20歳で稼業の酒屋を継承。

継承時売上4,000万円を11年後に3億6,000万円にする。

1995年アタカプランニング株式会社を設立。

企画とデザインであらゆる事業の結果を向上させる。

選挙参謀では12年間・24戦で全勝。行政の相談役など。

2003年から売上アップの請負を開始。

12年間、大小200案件、成功率95%を誇る。こだわっている。日本のグローバル化を支援するのがミッション。

売上請負屋流！　本当に売上を上げる仕組みづくり

2016年1月8日発行

著　者　古河　正己　©Masami Furukawa

発行人　森　　忠順

発行所　株式会社 セルバ出版
〒113-0034
東京都文京区湯島1丁目12番6号 高関ビル5B
☎ 03（5812）1178　FAX 03（5812）1188
http://www.seluba.co.jp/

発　売　株式会社 創英社／三省堂書店
〒101-0051
東京都千代田区神田神保町1丁目1番地
☎ 03（3291）2295　FAX 03（3292）7687

印刷・製本　モリモト印刷株式会社

Printed in JAPAN
ISBN978-4-86367-242-0